Das Jesus-Buch des Papstes

Das Jesus-Buch des Papstes

Die Antwort der Neutestamentler

Herausgegeben von Thomas Söding

HERDER

FREIBURG · BASEL · WIEN

Alle Rechte vorbehalten
© Verlag Herder, Freiburg im Breisgau 2007
www.herder.de
Umschlaggestaltung: Finken&Bumiller, Stuttgart
Satz: dtp studio mainz, Jörg Eckart
Druck und Bindung: freiburger graphische betriebe
www.fgb.de
Gedruckt auf umweltfreundlichem, chlorfrei gebleichtem Papier
Printed in Germany

ISBN: 978-3-451-29716-8

Vorwort

Das Jesusbuch des Papstes ist ein Ereignis. Noch nie hat ein Papst ein Jesusbuch geschrieben, noch nie so offen zur Diskussion eingeladen. Seine Einladung nehmen an dieser Stelle evangelische und katholische Neutestamentler aus Deutschland an.

Der Papst hat ein bedeutendes Buch geschrieben; aber er hat in der Jesusforschung nicht das letzte Wort. Er kann und will es nicht haben, so wenig wie die Autoren, die ihm an dieser Stelle antworten, meinen, der Weisheit letzten Schluss zu kennen. Entscheidend ist, dass eine konstruktive Debatte über Jesus geführt wird, in der die Argumente pro und contra auf den Tisch gelegt werden. Wer Neutestamentler nach einem kritischen Urteil fragt, wird weder lauter Verrisse erhalten noch kräftige Hymnen erwarten. Differenzierung ist angesagt. Sie hilft kritischen Lesern bei der eigenen Urteilsbildung. Das Jesusbuch des Papstes ist aus der Auseinandersetzung mit der neutestamentlichen Wissenschaft hervorgegangen; eine wissenschaftliche Auseinandersetzung der Neutestamentler mit seinem Buch ist die angemessene Antwort.

Der deutsche Kontext ist besonders interessant. Denn der Papst ist ein Theologe aus Deutschland; er hat sein Buch auf deutsch geschrieben und sich eingehend mit der deutschsprachigen Exegese auseinandersetzt. Es ist selbstverständlich, dass an dieser Stelle nicht nur katholische, sondern auch evangelische Neutestamentler antworten, weil die Exegese seit langem eine Paradedisziplin ökumenischer Zusammenarbeit ist und der Papst, ohne selbst Unterschiede zu machen, evangelische Exegeten ebenso wie katholische zitiert (und kritisiert). Das vorliegende Buch zeigt, dass Zustimmung und Ablehnung nicht nach Konfessionen sortiert werden können und dass weder die katholischen Exegeten besonders zahm noch die evangelischer besonders bissig sind.

Wichtig ist auch die Stimme der Orthodoxie. Allerdings macht es die konfessionelle Situation in Deutschland erklärlich, dass an dieser Stelle nur evangelische und katholische Exegeten zu Wort kommen. Wichtig sind ebenso jüdische Voten, aber auch Urteile von Agnostikern und Atheisten. Indes sollen in diesem Buch die Neutestamentler das Wort haben. Geplant ist ein weiterer Band mit den Voten Systematischer Theologen.

In erster Linie sind die Stimmen solcher Neutestamentler gesammelt, die eine Generation jünger als Joseph Ratzinger sind und gegenwärtig in den Universitäten verantwortlich für Forschung und Lehre zeichnen. Es ist ein besonderer Glücksfall, dass von dieser Regel eine Ausnahme möglich war: Franz Mußner, der exegetische Freund und Weggefährte Joseph Ratzingers, hat gleichfalls einen Beitrag verfasst und für das Buch zur Verfügung gestellt.

In der katholischen Kirche ist es vielleicht nicht überflüssig, einzufordern, was der Papst selbst als notwendig erachtet: die Freiheit zur Kritik. Es wäre eine Katastrophe, sollte es einmal eine Situation geben, in der ein katholischer Neutestamentler Probleme mit dem nihil obstat bekäme, weil er der Methodik, den Analysen oder den Interpretationen des Papstes widerspricht. In diesem Sinn soll das Antwortbuch auch helfen, den Freiraum für wissenschaftliche Jesusforschung offen zu halten.

In der evangelischen Kirche ist es vielleicht nicht überflüssig, darüber nachzudenken, was es heißt, dass sich der Papst so intensiv und konstruktiv mit Urreformatorischem befasst: mit der Heiligen Schrift (sola scriptura) und mit Jesus (solus Christus). Es ist eine spannende Frage, wie sehr an diesen Punkten das Jesusbuch noch einmal als Anlass zu Abgrenzungen gesehen wird und welche Rolle dabei die

„historisch-kritische" Exegese im Verhältnis zu älteren und neueren Methoden der Schriftauslegung spielt.

Dem Verlag Herder sei für die Bereitschaft zur Veröffentlichung kritischer Reaktionen auf Benedikts Buch gedankt. Er wird damit seiner wissenschaftlichen Verantwortung gerecht, derentwegen der Papst wollte, dass sein Jesusbuch in dem Haus erscheint, das auch seine wichtigen anderen theologischen Arbeiten betreut hat.

Dem Lektor Stephan Weber gebührt herzlicher Dank für die verlässliche und zügige Betreuung dieses Projektes.

Wuppertal, 1. Juni 2007, Thomas Söding

Inhaltsverzeichnis

Zur Einführung:
Die Neutestamentler im Gespräch mit dem Papst über Jesus

von Thomas Söding

Joseph Ratzinger, Benedikt XVI., hat im Vorwort seines Jesusbuches um kritische Leser gebeten, die ihm ihre Sympathie nicht versagen, aber keine Angst haben, Widerspruch anzumelden. Sicher ist ihm auch Zustimmung willkommen.

In erster Linie sollten sich die Neutestamentler von dieser Bitte angesprochen fühlen. Ein Jesusbuch zu schreiben und zu beurteilen, fällt in ihr Metier. Die Öffentlichkeit hat Anspruch auf eine fachliche Expertise. Das Kirchenvolk will wissen, was es an dem Buch des Papstes hat. Den Papst selbst interessiert erklärtermaßen das Urteil der Forschung. Mit neutestamentlichen Studien hat er sich intensiv befasst. Exegetische Werke hat er oft zitiert. Er bekennt, den Biblikern dankbar zu sein, weil er von ihnen viel gelernt habe. Die historisch-kritische Jesusforschung wird von ihm allerdings ziemlich kritisch beurteilt. Sein Anspruch ist es, auf der Basis aller vier Evangelien des Neuen Testaments einen Jesus zu zeigen, der historisch plausibler sei als die „Rekonstruktionen" der Jesusbücher, die von den Bibelwissenschaftlern selbst gemacht worden sind (20f.).

Die Neutestamentler werden einem Papst, der ein Jesusbuch schreibt, ihre Sympathie so schnell nicht versagen. Es wäre kleinkariert, einen Konkurrenten zu wittern, den man aus dem Felde schlagen müsste. Es wäre auch zum Scheitern verurteilt. Der weltweite Erfolg ist überwältigend. Kein anderes Jesusbuch mit theologischem Anspruch hat auch nur annähernd solche Auflagen erzielt. Jemand, der das ganze Gewicht seines Amtes einsetzt, um der Freundschaft mit Jesus zu dienen (11) und zugleich die wissenschaftliche Debatte über Jesus zu fördern, kann Neutestamentlern nicht ganz unsympathisch sein.

Mehr noch: Das Buch wertet die Exegese auf. Vielleicht tut das auch der evangelischen Theologie gut, sicher aber der katholischen. Das Zweite Vatikanische Konzil hat zwar erklärt: „Das Studium der Heiligen Schrift ist die Seele der ganzen Theologie" (Dei Verbum 24; Optatam totius 16), und gefordert, die katholische Theologie sei im Ganzen von der Heiligen Schrift her aufzubauen. Das ist von eminenter ökumenischer Bedeutung. Es weist den Weg ins dritte Jahrtausend. Aber wie das Postulat zu konkretisieren wäre, ist keineswegs von vornherein klar. In seinem Kommentar zum Konzilstext hat Joseph Ratzinger auf die Schwierigkeiten der Umsetzung hingewiesen. Sein Jesusbuch ist nicht der erste und der einzige Beitrag, dem Anspruch des Konzils zu genügen. Aber es setzt ein deutliches Signal, für das nicht nur die katholischen Neutestamentler dankbar sein sollten.

Freilich bedeutet Sympathie nicht schon Einverständnis. Kritik ist die Fähigkeit zur Unterscheidung. Alle in diesem Buch gesammelten Reaktionen sind vom professionellen Respekt für die Qualität des päpstlichen Buches geprägt. Dass Benedikt ein geschlossenes, in sich stimmiges, facettenreiches, farbiges, beeindruckendes Jesusbild zeichnet, wird von keinem bestritten. Dass die Gottesfrage so konsequent ins Zentrum gerückt wird, halten viele für den Schlüssel zum Verständnis Jesu und seiner neutestamentlichen Gedächtnisgeschichte. Dass Jesus als Jude gesehen wird, tief verwurzelt in der Heiligen Schrift, der Liturgie und dem Ethos seines Volkes, orientiert an der Tora, die er nicht beseitigt, sondern bejaht, stößt auf breite Zustimmung. Die Fähigkeit des Autors, einzelne Texte in die großen Zusammenhänge der Heiligen Schrift, der Menschheitsgeschichte, auch der Gegenwart zu stellen, die Souveränität in der Heranziehung der Kirchenväter, die Fähigkeit, geistliche Schriftauslegung als konsequente Exegese zu betreiben – all das konzedieren auch diejenigen, die an anderen Stellen oder im ganzen skeptisch bleiben.

Worauf richtet sich die Kritik der um ihre Antwort gefragten Neutestamentler? Das Jesusbuch des Papstes basiert auf der historisch-kritischen Jesusforschung, will sie aber überschreiten. Seine Methodik deutet er im Vorwort nur ganz kurz an, nicht ohne missverständliche Abbreviaturen. In früheren Arbeiten finden sich freilich ausführliche – und durchweg von profundem Wissen geprägte, aber kritische – Auseinandersetzungen mit der Methodik, den Voraussetzungen und den Ergebnissen der exegetischen Jesusforschung. Die Kritik ist die eines Fundamentaltheologen und Dogmatikers, der um die Zweifel am Wahrheitsanspruch des Christentums weiß, aber sie widerlegen will, indem er auf Jesus zurückgeht. So hat er das Jesusbuch geschrieben: als systematischer Theologe, der Schriftauslegung treibt. Ihn interessiert kaum die Sozialgeschichte der Jesusbewegung; die Entstehungsgeschichte der Evangelien berührt er nur am Rande (wo er eine Lanze für die johanneische Tradition bricht). Umso mehr interessiert ihn die Theologie Jesu. Sie beleuchtet er mit Hilfe der Kirchenväter; um ihretwillen geht er auf das Zeugnis der ganzen Heiligen Schrift beider Testamente zurück. Aber das theologische Interesse führt ihn nicht zur Relativierung des Historischen. Im Gegenteil: Der Papst erhebt aus theologischen Gründen einen historischen Anspruch; denn dass Gottes Wort wahrhaft Fleisch geworden ist, dass Jesus wirklich als Mensch gelebt hat und gestorben ist, ist ihm ebenso wichtig wie die Auferstehung Jesu von den Toten. Freilich löst er seinen historischen Anspruch nicht durch eine ausgesprochen historische Methode ein. Er bekennt freimütig, der Darstellung Jesu in den Evangelien zu trauen (20). Das macht sein Buch sympathisch und angreifbar. Exegeten fragen nach: Worauf gründet das Vertrauen? Worin besteht es? Wie lässt es sich gegenüber denen rechtfertigen, die skeptisch sind? Der Papst setzt offenbar auf die Kohärenz, die Plausibilität, die Faszination seiner Geschichte Jesu, die er auf der Basis der Evangelien nacherzählt. So will er die reale Geschichte Jesu tiefer und umfassender als die historische Kritik verstehen. Ist das gelungen?

Der Kern der Diskussion, der in den Antworten immer wieder freigelegt wird, berührt das Verhältnis von Theologie und historischer Kritik, Ereignis und Erinnerung, Offenbarung und Geschichte. Der Papst behauptet nicht, durch besonders subtile historische Recherchen die Wahrheit der Gottessohnschaft bewiesen zu haben. Die Grenzen der historischen Vernunft sind ihm nur zu sehr bewusst. Er behauptet aber auch nicht, die Leerstellen der historischen Forschung mit dogmatischen Behauptungen auffüllen zu können. Er hält nur an zweierlei fest: dass es keine Christusdogmatik ohne die reale Geschichte Jesu gibt und dass diese Geschichte der verlässlichen Überlieferung zufolge einen theologischen Horizont aufreißt, in dem sich auf die Frage nach der „Gestalt" Jesu und seines Verhältnisses zu Gott die Antwort der Evangelien nahelegt.

In der Durchführung dieses beeindruckenden offenbarungsgeschichtlichen Programms aber stellen sich den Neutestamentlern Fragen: So sehr man der Auslegung der Seligpreisungen und der Gleichnisse, des Vaterunsers und der Jüngerberufungen folgen mag: Was ist mit dem aufgerissenen Himmel über dem Jordan, der dreifachen Versuchung, der Verklärung? In welchem Sinn wären auch jene Erzählungen auf historische Ereignisse zurückzuführen? In welcher Weise spiegeln – und brechen – sie die Geschichte

Jesu? Noch fehlen die – fälschlich so genannten– „Naturwunder" wie die Sturmstillung und der Seewandel. Aber die kritischen Rückfragen gehen weiter: Was ist mit den Unterschieden zwischen den Evangelien und ihren Widersprüchen, an denen sich schon die Kirchenväter gerieben haben? Das Buch lässt viele historische Probleme, von denen Exegeten umgetrieben werden, nicht allzu nahe an sich heran. Es beschränkt sich auf die großen Linien. Das ist Stärke und Schwäche zugleich. Der Forderung nach – noch – mehr Details geht aber ins Leere: Jedes Jesusbuch muss vereinfachen. Wichtiger ist die Frage: Müssten Exegeten, wenn sie ihr Handwerk ausüben, zentralen Thesen des Buches widersprechen? Und würde dieser Widerspruch gegen das Buch oder gegen das exegetische Handwerk sprechen?

Einige Exegeten üben sich in der Kunst der Selbstverteidigung: Die Kritik des Papstes an den Exegeten sei zu pauschal und in ihrer Allgemeinheit unbegründet; wo bleibe die Sympathie mit den historisch-kritischen Exegeten, die ja durchaus zur Selbstkritik fähig seien? Freilich gehen die Meinungen dann doch auseinander: Die einen verteidigen, was der Papst kritisiert; die anderen halten die Kritik für überzogen. Hier zeigt sich erheblicher fachinterner Klärungsbedarf.

Auch die Darstellung des Jüdischen und des Judentums bei Benedikt bleibt nicht frei von Kritik. So sehr die einen ihm zustimmen und das Gespräch mit Jacob Neusner als einen intellektuellen Höhepunkt des Buches ansehen, so sehr gibt es andere, die meinen, es sei heute schwierig, messianische Texte des Alten Testaments zur Deutung Jesu heranzuziehen, ohne die jüdische Auslegung zu würdigen, die nicht nur ohne jeden Bezug zu Jesus, sondern überhaupt zu einer messianischen Hoffnung auskomme; es müsse auch das Judentum differenzierter dargestellt werden. Diese Einwände hinwiederum verweisen auf das große Problem des gegenwärtigen jüdisch-christlichen Dialoges: ob es möglich ist, ein echtes Gespräch zu führen, das nicht auf einer sublimen Vereinnahmung oder Abwertung des Anderen und nicht auf einer Relativierung des eigenen Standpunktes beruht, sondern aus der Mitte des eigenen Glaubens kommt und auf dessen Höhe führt.

Zu erwarten war die vielfach vorgetragene Kritik an der Heranziehung johanneischer Traditionen. Alle wissenschaftlichen Jesusbücher, von orthodoxen und evangelikalen allerdings abgesehen, gehen den Weg, sich auf die Synoptiker zu konzentrieren und das Johannesevangelium zwar bei der Rekonstruktion einzelner historischer Fragen (wie dem Datum des Todes Jesu) zu konsultieren, bei der Rekonstruktion der Verkündigung Jesu aber beiseite zu lassen. Benedikt XVI. setzt bei den Synoptikern (Matthäus, Markus, Lukas) an, denen er die Verkündigung der Gottesherrschaft als das große Thema Jesu entnimmt, um dann aber doch auch zu Johannes hinzulenken. Er studiert die johanneischen Bildworte jedoch nicht, um aus dem Strom der Überlieferung einige unverfälschte „ipsissima verba" herauszufiltern, sondern um auch vom Standpunkt des Vierten Evangeliums aus, wie ihn der Lieblingsjünger bestimmt habe, Jesus zu erkennen. Darüber wird weiter zu streiten sein – nicht zwischen dem Papst und *den* Exegeten, sondern zwischen Exegeten, die Johannes ausgrenzen, und solchen, die ihn – wieder – stärker einbeziehen.

Die johanneische Frage steht paradigmatisch für den Umgang mit allen Evangelien. Der Papst kennt die Unterschiede zwischen ihren Darstellungen. Aber er vergleicht sie nicht, um älteste Fassungen zu präparieren und die Abweichungen der Jesusportraits zu markieren, sondern um im Spiegel aller Evangelien die Gestalt Jesu deutlicher zu erkennen. Er entwickelt allerdings keine methodische Theorie, dieses Verfahren zu begründen (und seine Grenzen nachzuzeichnen). Zwar verweist er auf die Inspiration, aber die lässt sich schwerlich methodisch verrechnen. Er führt auch das Stichwort der „Relecture" ein und setzt darauf, dass durch spätere Überlieferungen durchaus das Sinnpotential eines Wortes besser erschlossen werden kann. Dem ist nicht zu widersprechen. Aber kann es nicht auch verschlossen werden? Und gehört die Ausleuchtung des Sinnpotentials zur Aufgabe des Historikers? Darüber kann und muss man als Neutestamentler diskutieren, wiederum: nicht nur mit dem Papst, sondern auch untereinander.

Die Kernfrage lautet wohl, ob der „wirkliche", das heißt der historisch reale und theologische relevante Jesus der „Sohn" ist, der eins mit dem Vater ist und deshalb das Reich Gottes dem Volk Gottes bringt. Zweifellos stellen die Evangelien, nicht nur Johannes, Jesus so dar. Aber bringen sie durch diese Darstellung die historische Wahrheit des Lebens Jesu zur Sprache? Oder projizieren sie die nachösterliche Glaubenschristologie in das Leben des Irdischen? Und wie will man diese Frage entscheiden? Dass Jesus ein „unmessianisches" Leben geführt habe, wie im 19. Jh. oft behauptet wurde, sagen heute nur noch wenige. Dass Jesus in den Formeln der Ökumenischen Konzilien, in der Sprache der griechischen Metaphysik gedacht habe, sagt der Papst nicht – wohl aber, dass die Dogmatik bis hin zum *homoousios* („eines Wesens mit dem Vater") notwendig sei, um Jesus zu verstehen. Was kann die Exegese als jene theologische Disziplin, die mit philologischen und historischen Methoden die biblischen Texte liest, zur Antwort beitragen?

Hier gehen die Positionen der Neutestamentler weit auseinander. Die einen sehen nach wie vor in der historischen Forschung ein Widerlager zur „hohen" Christologie – und müssen dann erklären, warum man sich eigentlich heute noch für den historischen Jesus interessieren sollte und ob man nicht in einer „rein" historischen Forschung gerade das methodisch ausklammert, was Jesus verkündet hat: den eschatologischen Kairos der nahekommenden Gottesherrschaft und die Auferstehung von den Toten. Die anderen sehen den Jesus des Ratzinger-Buches als Gestalt des kirchlichen Glaubensgedächtnisses – und müssten dann erklären, ob der historische Geltungsanspruch, der damit einhergeht, eine Fiktion bleibt oder bewährt werden kann. Wieder andere denken, dass die erzählte Christologie der Evangelien ziemlich genau der gelebten Christologie Jesu entspreche – und sind dann zwar hermeneutisch nahe beim Ansatz des Papstes, aber in der methodischen Pflicht, nachzuweisen, wie sehr sie ihn mit genuin exegetischen Mitteln begründen können.

Die kritischen Antworten heutiger Neutestamentler decken nicht nur – tatsächliche oder vermeintliche – Stärken und Schwächen des päpstlichen Jesusbuches auf, sondern auch die Kontroversen, die innerhalb der Zunft ausgetragen werden. Es gibt ja nicht *die* neuere Exegese, sondern ein breites Spektrum an Interessen, Methoden, Positionen und Zielen. Die Beiträge dieses Antwortbuches sind nicht auf Linie gebracht – weder in der Auswahl der Autoren noch in der Absprache der Themen. Den Leserinnen und Lesern kann es als eine Momentaufnahme des gegenwärtigen Diskussionsstandes in der neutestamentlichen Wissenschaft dienen – und alle mögen sich ihr eigenes Urteil bilden, ob das Jesusbuch des Papstes notwendig oder hilfreich, weiterführend oder rückständig ist. Es leistet jedenfalls auch der neutestamentlichen Exegese einen Dienst: indem es durch sein markantes Profil, seinen hohen Anspruch und seine deutliche Kritik der historisch-kritischen Jesusforschung die notwendigen Debatten über die Standpunkte und Wege, die Interessen und Konflikte der Bibelwissenschaft stimuliert. Nach wie vor gibt es jene, die auf die historische Kritik der alten Schule setzen: auf die Entfernung von frommen

Übermalungen des Jesusbildes, damit der historische Jesus hervortrete, sei es auch im Fragment, sei es auch Schwarz-weiß, sei es auch verschwommen. Andere wollen den Weg der „kanonischen Exegese" gehen, sind sich aber noch nicht einig, welche Bedeutung dann die literarische Differenzie-rung samt der historischen Kritik hat.

Vom Papst ist es klug, dass er sich in diesen Streit nicht einmischt. Aber zur wissenschaftlichen Diskussion gehört, dass er offen ausgetragen wird.

Christus-Ästhetik

Der „Jesus" des Papstes zwischen Rekonstruktion und Realpräsenz

von Knut Backhaus

Alle sechs Stunden erscheint weltweit ein Jesus-Buch. Die Weltauflage dürfte die zweite Milliarde längst überschritten haben[1]. Dieses *eine* Wunder wird selbst ein Atheist Jesus zugestehen: 2000 Jahre hat man über ihn geredet – aber langweilig ist er nie geworden. Der Neutestamentler sieht sich freilich meist haltlosem Unfug ausgesetzt (Jesus der Merowinger, Jesus in Tibet, Jesus in zweiter Ehe, Verschlusssache Jesus, Jesus-Komplott, Jesus-Tafel, Jesus-Papyrus …). Dass auf diesem schier unbegrenzten Markt ein Jesus-Buch, geschrieben aus der Mitte des christlichen Glaubens, Rekorde zu schlagen und Menschen zu fesseln vermag – das sehe ich zuerst und zuletzt mit großer Dankbarkeit: So also geht es auch.

Hinzu tritt ein *déjà-vu*-Erlebnis. Ich entsinne mich meiner Paderborner Erstsemester um 1980, als uns jungen Theologen – der Zeitgeist war vom Methodenbuch Heinrich Zimmermanns geprägt – der biblische Text mit so vielen diachronen Modellen verstellt, ja entleert schien, dass wir Zugang zur Bibel bei einem jungen Dogmatiker suchten, der in vielem vorwegnahm, was ich im Papst-Buch heute finde: dass der Text nicht in die Vergangenheit gehört, sondern in die Gegenwart, mehr noch: dass wir in *seine* Gegenwart gehören; dass, gut johanneisch, Christus- und Selbstfindung eins sind; dass daher Schriftauslegung wie beim gelehrten Prediger Origenes mehrdimensional sein muss; dass historische Exegeten, so wichtig ihre geschichtliche Präzision ist, denn doch in Gefahr stehen, wahrheitsunfähig zu werden – und bis in den Wortlaut hinein die Ähnlichkeit der metaphorischen Sprache. Der junge Dogmatiker, der uns so die Bibel zu lesen lehrte, hieß Eugen Drewermann.

An dieser Stelle also wenigstens treffen sich zwei sonst recht unterschiedliche Theologen. Ihrem Eindruck könnte man das Unbehagen *heutiger* Erstsemester zur Seite stellen, die gerade angesichts historischer Kritik auf der Wahrheitsfrage und der Erfahrungsebene bestehen. Exegeten haben gelernt, die Kirche mahnend mit den „Zeichen der Zeit" zu konfrontieren. Sie sollten solche in ihrem eigenen Umfeld nicht übersehen.

I. Der Jesus der Evangelien – Zur hermeneutischen Grundlegung

Gottes Offenbarung ist *humano modo*, in Gestalt geschichtlicher Selbstmitteilung, ergangen; deshalb muss Exegese historisch arbeiten. Diese Selbstmitteilung ist auf personale Kommunikation ausgerichtet; deshalb muss Exegese kritisch sein, das heißt: Textzeugen, Überlieferungsebenen, Schriftsinne von je heutigen Sinnanliegen unterscheiden. Dies fordert der Deutlichkeitsanspruch neuzeitlicher Wissenschaft. Dies fordert aber auch – der Papst begründet es im Licht von *Dei Verbum* präzise – die theologische Redlichkeit. Die Heilige Schrift ist Fenster in die Ursprungszeit des Gottesvolks. Es ist intellektuelle wie religiöse Pflicht des Christen, sie in ihrer unverwechselbaren historischen Eigenart zu lesen. Zu der gerade dem Exegeten eigenen, zweifellos oft unbequemen Pietät gehört es, dass er „der Schrift eben gerade jenen Respekt zu bezeugen sucht, der nichts so sehr fürchtet wie dem Worte Gottes ins Wort zu fallen"[2].

Wenn freilich das Studium der Heiligen Schrift die Seele

aller Theologie ist (DV 24), dann kann Exegese sich nicht allein als Zweig der Altertumswissenschaft gerieren. In diesem Fall bliebe die Theologie seelenlos zurück. Und die Exegese verlöre ihre Relevanz. Diese liegt ja nicht zuletzt darin, dass sie für fast zwei Milliarden Christen mehr als museales Interesse birgt. Denn nicht nur Fenster zur Geschichte ist die Bibel, sondern mehr noch Spiegel der eigenen Wirklichkeit. Kierkegaards Satire auf jene Exegeten, die zwischen sich und den Anspruch der Heiligen Schrift die Lesarten und Lexika wälzen, „wie wenn ein Schuljunge ein Handtuch oder auch mehrere unter seinem Wams anbringt, wenn er Prügel kriegen soll", bleibt noch immer „zur Selbstprüfung der Gegenwart anbefohlen"[3]. Die jüngere Hermeneutik hat auf allen Ebenen den Historismus des 19. Jahrhunderts und die produktionsästhetische Engführung der Textinterpretation als nicht begründungsfähig abgewiesen und die Bedeutsamkeit der Textrezipienten, die Wirkungsgeschichte, die wechselnden Verstehenshorizonte und Lesegemeinschaften und in alldem die Sinnkarriere der Texte neu entdeckt. Die Darlegungen des Papstes zu der heuristischen Dimension des Kanons und den verschiedenen „Subjekten" der Heiligen Schrift (10–23) scheinen mir daher triftig: Das Wesen des christlichen Glaubens verlangt die Methode historischer Kritik, und zwar einer solchen, die sich gezielt auf den geschichtlichen Ort, das Praeteritum, und die menschliche Bedingtheit des Textes, sein Humanum, konzentriert. Aber gerade weil diese Methode kritisch ist, führt sie über sich hinaus und in die Theologiegeschichte und Theologie hinein. Dass die Bibel, in ihrer Einheit gelesen, Basis und Norm aller Theologie ist, gehört zu den bleibenden ökumenischen Einsichten der jüngeren Zeit. Der *canonical approach*, den der Papst vorschlägt, ist freilich keineswegs, wie ein vordergründiger Einwand meinte, Rekurs auf eine modische US-amerikanische Methode. Das Bemühen, die neutestamentliche Jesus-Überlieferung im Kontext der gesamten Bibel zu lesen, ist so alt wie die Theologie selbst. Die jüngere Rezeptionsästhetik ist in den frühesten Begegnungen zwischen biblischer Bildung und christlicher Lebenspraxis vorweggenommen: Wie unser Geist sich erneuert und darin wächst, sagt Cassian, so erneuert sich auch das Antlitz der Schriften, und je weiter der Verstehende voranschreitet, desto tiefer wird der Text ihm verstehbar (vgl. conl. 14,11). Papst Gregor der Große hat es auf die Formel gebracht: „Divina eloquia cum legente crescunt" (in Ezech. 1,7,8).

Wenn der Papst die Selbstbescheidung der Exegese, wie er sie kennen gelernt hat, kritisiert, ist ihm daher kaum zu widersprechen. Man wird freilich bedenken müssen, dass im katholischen Raum nach den Traumata eines lehramtlichen Anti-Modernismus, der das historische Denken eben nicht aus dem Wesen der Offenbarung herzuleiten wusste, drei Jahrhunderte Denkgeschichte in einer einzigen Generation nachzuholen waren. Einseitigkeiten waren hier wohl unvermeidbar.

Es ist in der Exegese nahezu einmütig als wichtiger Fortschritt begrüßt worden, als die Päpstliche Bibelkommission 1993 ein Grundlagendokument vorgelegt hat, das das exegetische Methodenrepertoire mit hoher Fachkompetenz auf geschichtlicher Basis, doch mit hermeneutischer Weite beschreibt. Nicht immer ließ sich danach der Eindruck vermeiden, lehramtliche Schreiben setzten solche Hermeneutik grundsätzlich zwar voraus, nähmen aber ihre Erträge in der Sache gar nicht zur Kenntnis und bejahten die historische Methode nur, solange diese das erarbeite, was man auch ohne sie immer schon wisse. Das Jesus-Buch des Papstes nimmt dieses Dokument und ebenso – auch dies ist dankbar festzuhalten – die Einsichten aus der jüdisch-christlichen Begegnung sehr ernst. Viele Aspekte dieser Darstellung hätten heute auch in einer exegetischen Vorlesung oder in

einem breiter angelegten Kommentarwerk wie dem Evange-
lisch-Katholischen Kommentar zum Neuen Testament einen
natürlichen Platz. Was der Papst eher in knappen Strichen
zeichnet, würde dort in der Traditions-, Motiv- und Rezep-
tionsgeschichte entfaltet und in der theologischen Würdigung auf seinen Wahrheitsanspruch reflektiert. Dass er ein-
räumt, seine christozentrische Auslegung beruhe auf einer
(vernünftig begründbaren) Glaubensentscheidung (17f.),
tut deren Strahlkraft keinen Abbruch. Wenn die neuere Geschichtstheorie eine Naivität aufgedeckt hat, dann die Annahme, dass „Wahrheit" und „Geschichte" zusammenfallen
und Geschichte anders zu haben sei als im Modus deutender
Konstruktion. Um es im Vergleich mit einem der Eiligsten
unter den Papst-Kritikern zu pointieren: Lüdemann glaubt,
dass er weiß – der Papst weiß, dass er glaubt. Das Buch hat
einen biblisch-meditativen Grundzug, macht das reiche Potential der Väterexegese fruchtbar, stellt sich in die lange Be-
gegnungsgeschichte zwischen der Lesegemeinschaft Kirche
und dem Neuen Testament als dem Jesus-Buch schlechthin
und lässt so die Gestalt des irdischen Kyrios in christolo-
gischem Licht in den Blick treten. Mit alldem kann ich als
Neutestamentler hermeneutisch gut leben, und als katholischer Christ tue ich dies von Herzen gern.

II. Der „historische" Jesus – Zur historischen Durchführung

Geschichtliche „Glaubwürdigkeit" wurde bis weit ins 20. Jahrhundert hinein von lehramtlichen Organen eher dekretiert
und mit oft aggressiver Unbildung durchgesetzt als mit den
Mitteln historischer Vernunft begründet. Die Tragik dieses
unglaubwürdigen Stils hat der Papst wiederholt mit Blick auf
seinen neutestamentlichen Lehrer Friedrich Wilhelm Maier
beschrieben. Er selbst praktiziert in diesem Buch einen anderen Stil, dem der Dank offener Kritik geschuldet ist[4].

So gestehe ich, dass ich nicht nachzuvollziehen vermag, wie der Papst vom wirklichen Jesus zum „historischen" Jesus gelangt (ich übernehme diese Begriffe – samt Anführungszeichen – aus dem Buch selbst, wo sie undefiniert und weithin leider auch unklar bleiben). Die neuere Hermeneutik, auf die das Bibelpapier von 1993 und der Papst verweisen, kann jedenfalls keine historischen Geltungsansprüche begründen. Denn sie entwickelt keine Kriterien zur historischen Rückfrage, sondern Gründe, über sie hinauszugehen. Die Klarheit des in dem Buch gebotenen Jesus-Bilds verdankt sich, unter historischem Gesichtspunkt betrachtet, denn auch einer recht weitgehenden Komplexitätsreduktion.

Bereits von seiner meditativen Gattung her liegt es nicht nahe, dass das Buch die in jüngster Zeit intensivierte Kriteriendebatte aufnimmt. Sofern exegetische Forschung, gerade auch solche der älteren evangelischen Exegese Tübinger Prägung, aufgenommen wird, scheint die Auswahl von der Absicht gesteuert, das zuvor gefasste Geschichtsbild zu bestätigen. Dieses Geschichtsbild ist aber nicht nur notwendig hypothetisch. Es ist stellenweise kühn: Dass die Familie Jesu dem „Kloster" Qumran nahe stand, Johannes der Täufer hier einige Zeit gelebt haben mag oder Vater Zebedäus als Priester ein Absteigequartier im Jerusalemer Essenerviertel besaß (40.266f.), sind (recht freie) Hypothesen. Dass das Vierte Evangelium bereits von sich auf den Zebedaiden Johannes als Verfasser weist, ist eine (unbelegte) Hypothese. Dass von dort her zu Irenaios von Lyon an das Ende des zweiten Jahrhunderts gesprungen werden kann (263–267), durch alle gnostischen Kämpfe und sekundären Zuschreibungen hindurch, ist eine (gewagte) Hypothese. Der Neutestamentler, dem eine zutage liegende Jesus-Vita so angenehm wäre wie dem Papst, kommt nicht umhin, konkurrierende synoptische und johanneische Überlieferungen miteinander zu vergleichen, oftmals – wie bei den Versionen des Herrengebets oder der Bergpredigt/Feldrede – Entscheidungen zu treffen (in historischer, nicht theologischer Absicht), beim Menschensohn-Problem etwa die Datierung des äthiopischen Henoch- und des Vierten Esrabuches differenzierender zu diskutieren, als es dem Papst möglich ist (376), andere und literarisch näher liegende Verstehensmöglichkeiten der Bergpredigt als die enggeführte von Jacob Neusner in die historische Abwägung einzubeziehen, die weithin fiktionale Gestaltung antiker Programmreden formkritisch zu berücksichtigen, die massenhafte Verbreitung der Kreuzesstrafe in der reichsrömischen Welt vor Augen zu behalten, die es anfechtbar macht, aus Jesu Ende bereits Rückschlüsse auf seine Selbstdeutung zu ziehen. Skepsis muss in alledem nicht das letzte, wohl aber methodische Behutsamkeit das erste Wort haben. Dass dabei die frühere Forschung – so sehr wie die gegenwärtige – auf Umwege und Irrwege geraten ist, steht außer Frage. Es gehört zum Wesen aller Forschung (und sei sie vom Papst beigesteuert), dass sie zeitgebunden ist, irrt und wieder und wieder revidiert werden muss – wie es zum Wesen des Glaubens gehört, dass er darauf nicht bauen kann.

Worauf aber dann? Der Papst zitiert Alfred Loisy: „Jesus verkündete das Reich Gottes, und gekommen ist die Kirche" (78). Er nimmt das Bonmot als einen Ausdruck von Ironie oder Trauer. Tatsächlich meint Loisy es keineswegs ironisch, und die – meist nicht mehr beachtete – Fortsetzung klingt ganz untraurig: Sie musste kommen mit sachlicher Natürlichkeit, damit das Evangelium sich weite und im Lebensstrom bewahrt werde, damit also die Gottesherrschaft nicht ins Leere aufgebrochen sei[5]. Hier, so scheint mir, ist die Brücke zwischen Geschichte und Glaube zu finden. Gewiss, Jesus hat sich nicht selbst verkündigt, sondern die Königsherrschaft des Vaters. Aber diese bricht in seinem Magnetfeld ursprünglich und unmittelbar an. Die Kirche hat daran angeknüpft, als sie im Auferstandenen selbst die Heilsmitte fand, die zum Vater führt. Der Subjektwechsel vom Gottesreich auf Christus folgt aus der Personalisierung des Heils. Nur so bleibt der Ursprung als Gegenwart, als ein verbindlicher Anfang, der den Weg der Christen mitgeht. Der der Wirklichkeit nächstgelegene Ort solchen ekklesialen Gedächtnisses ist die Eucharistie: „In der Nacht, da er verraten wurde – das ist heute". Dies ist nicht mehr Rekonstruktion und Spurensuche, dies ist mehr: Real-Präsenz.

So scheint es mir der *erinnerte Jesus* zu sein, der die Einheit zwischen Geschichte (dem Konstrukt „historischer Jesus") und Christologie (dem Bekenntnis zum „wirklichen Jesus" als Gottes ewigem Sohn) stiftet. Der Papst sieht in der Gemeinschaft Jesu mit dem Vater den „Konstruktionspunkt" seines Buches (12). Das Dreieck „Gottesherrschaft – Christus als deren Realsymbol – pneumatische Erinnerung der Kirche (im johanneischen Sinn)" prägt seinen Entwurf grundlegend (vgl. bes. 76–92.271–277). Ungeachtet der historischen und exegetischen Detaildiskussion liegt hier die gemeinsame Basis: Dass sich Jesu Botschaft, Wirken und Sein im Motiv der Gottesherrschaft verdichten, ist historische Einsicht und christologisches Ausgangsdatum zugleich. Das Neue, das Jesus gebracht hat, ist in der Tat – Gott, und zwar als unmittelbare Erfahrung mit Jesus selbst. Dass dieses Ursprungsgeschehen seinen „Mehrwert" hatte, zeigen Leben und Denken des neutestamentlichen Christentums in aller Vielfalt und Tiefe. Es ist nicht die Frage, ob das so gewachsene Geschichtsbild konstruiert ist oder nicht. Jedes Geschichtsbild ist, insofern es durch auswählendes Erzählen sinnhafte Kohärenz stiftet, konstruiert. Die Frage lautet, ob das Gedächtnisbild des neutestamentlichen Christentums stimmig aus dem Ursprungsgeschehen hervorgeht. Dies ist eine theologische Frage. Ich sehe keinen historischen Einwand dagegen, sie zu bejahen.

In diesem Sinn lese ich das Jesus-Buch des Papstes – wie etwa das von Guardini, an das er eingangs erinnert – als christologisches Gedächtnisgemälde, freilich eines, das uns keine Phantasiegestalt, sondern eine geschichtlich wirkliche und wirksame Person vor Augen malt. Er selbst spricht von der „Freilegung" einer Ikone (11). Ikonen jedoch werden gemalt, nicht freigelegt. Freigelegt werden Spuren und Reste. Es gehört zur Verantwortung historischer Exegese, diese zu sammeln und zu sichten (wie es etwa mit großer Sorgfalt John P. Meier in „A Marginal Jew" unternimmt). So entstehen schwarz-weiße Skizzen, undeutlich, fragmentarisch, stets neu korrigiert. Man wird sie neben die Ikone halten müssen – nicht um ihr den Glanz zu nehmen, sondern um ihren Ursprung zu klären und ihre Farben zu verstehen.

Als die Zeitschrift „Time" 1988 zum 16. Mal Jesus auf ihrem Titelblatt abbildete, wählte sie eine „Ikone" aus 29 Mosaiksteinen, die ganz unterschiedliche Formen und Epochen zusammenfasste. Aber erkennbar wurde aus alledem ein „wirkliches Antlitz", nicht historisch im strengen Sinn, aber glaubwürdig, weil der Historische auf eine größere Geschichte hin offen war: „derselbe, gestern, heute und in Ewigkeit" (Hebr 13,8)[6]. In die Christus-Wahrnehmung des Papstes sind – noch einmal: geschichtlich verwurzelt – zwei Jahrtausende Christuserfahrung eingeflossen, eine theologisch abenteuerliche Lebensgeschichte und eine Lektüre der Heiligen Schrift, die mit ihren Lesern zu wachsen pflegt. Die Ikone, die er malt, wird dadurch wahrer, wirklicher. Zum historischen Bulletin wird sie nicht. Gerade so schenkt sie uns ein wichtiges Kapitel christlicher Ästhetik, eine auf das Wesentliche konzentrierte Wahrnehmungslehre der Gestalt Jesu. Die historische Jesus-Forschung hat mit diesem Buch keine Etappe erreicht und ist erst recht nicht am Ziel. Sie gewinnt hier aber einen faszinierenden und plausiblen christlichen Deutungsrahmen.

Wie kein anderer hat Sören Kierkegaard an die Gleichzeitigkeit Jesu erinnert: Er ist den Jüngern aller Zeiten einen Herzschlag weit entfernt, zwei Jahrtausende Abstand spielen keine Rolle. Und so habe Jesus auch keine Dozenten berufen, sondern Nachfolger. Als „Dozent" vermag ich manche historischen Geltungsansprüche des „Dozenten" in diesem Buch nicht zu teilen. Aber – *Deo gratias* – er betrachtet nicht historische Fragmente. Er sagt, was zu sagen dem Nachfolger gebührt: „Du bist Christus, der Sohn des lebendigen Gottes".

Anmerkungen

[1] Die Zahlen in dem Nachrichtenmagazin „Focus" 14/1997, 160, unter Berufung auf den US-amerikanischen Religionsstatistiker D.B. Barrett; vgl. insgesamt den Artikel *„Der verfälschte Jesus"*, ebd., 154–162.

[2] Otto Kuss, *Der Römerbrief. Zweite Lieferung (Röm 6,11–8,19)*, Regensburg 1959, VI.

[3] *Gesammelte Werke.* 27.–29. Abt., Düsseldorf 1953, XII/315–337.

[4] Es weckt allerdings Verwunderung, wenn Kardinal Schönborn bei der Vorstellung des Jesus-Buches im Vatikan den Widerspruch, zu dem der Papst ausdrücklich ermutigt, unmittelbar mit den Worten kommentiert: „An Widerspruch fehlt es wirklich nicht. Auf allen Linien, von Anfang an, ist Jesus ‚ein Zeichen, dem widersprochen wird' (Lk 2,34)" (stephanscom.at.edw.reden: 08.05.2007). Wer die Einladung zur Diskussion ernst nimmt, sieht sich auf solche Weise als religiöse Kontrastgestalt in Widerspruch zu Christus selbst gesetzt. Doch auch im Buch selbst scheint mir der erneute Hinweis auf Solowjews „exegetisch promovierten Antichrist" (64f.; vgl. 393) nicht hilfreicher für den theologischen Ernst des Gesprächs als Dostojewskis „Großinquisitor" auf der Gegenseite. Selbst der Neutestamentler verdiente am Ende wohl „jenen Vorschuss an Sympathie, ohne den es kein Verstehen gibt" (22).

[5] Vgl. A. Loisy, *L'Évangile et l'Église*, Ceffonds (1902) ⁴1908, 153–155.

[6] Vgl. *Jesus Christus – Wort des Vaters.* Hg. von der Theologisch-Historischen Kommission für das Heilige Jahr 2000, Regensburg 1947, 43.

Jeder Ausleger hat seine blinden Flecken

von Martin Ebner

Auch der päpstliche Jesus spiegelt seinen Verfasser

In den ersten Zeilen seines Jesusbuches schwärmt Papst Benedikt XVI. von Jesusbüchern der 30er und 40er Jahre des vergangenen Jahrhunderts. Sie hätten ihm Jesus nahegebracht als einen, der „ganz Mensch – doch zugleich Gott zu den Menschen trug, mit dem er als Sohn eins war" (10). In den 50er Jahren sei ein Umschwung passiert, in Folge dessen der Riss zwischen dem „historischen Jesus" und dem „Christus des Glaubens" immer tiefer geworden sei und zugleich die verschiedenen Rekonstruktionen des „historischen Jesus" untereinander immer widersprüchlicher. Wer sie nebeneinander liest, schreibt der Papst, „kann alsbald feststellen, dass sie weit mehr Fotografien der Autoren und ihrer Ideale sind als die Freilegung einer undeutlich gewordenen Ikone" (11).

Aber: Ist es beim päpstlichen Jesusbuch anders? Kommt hier der „wirkliche Jesus" zum Vorschein – oder ähnelt auch dieser Jesus, ein wenig zumindest, seinem Autor? Gewiss, der zweite Band, für den als Nachlieferung die Kindheitsgeschichten angekündigt sind, fehlt noch; wir können uns also über das Gesamtbild des päpstlichen Jesus noch keinen abschließenden Überblick verschaffen. Aber immerhin hat Papst Benedikt XVI. erklärtermaßen im ersten Band „Gestalt und Botschaft Jesu in seinem öffentlichen Wirken" darstellen wollen – „von der Taufe am Jordan bis zum Petrusbekenntnis und zur Verklärung" (23).

Auffällig an dieser Darstellung ist nun, dass uns hier ein

lehrender und vor allem gelehrter Jesus entgegentritt, der die Quelle seines Wissens aus dem Gebetsgespräch mit dem Vater und der Schriftlektüre schöpft. Schwerpunkte der Darstellung sind neben der Taufe und der Verklärung sowie einem Blick auf die Jünger vor allem der gelehrte Disput Jesu mit dem Teufel, die Evangeliumsverkündigung, die Bergpredigt, das Vaterunser, die Gleichnisse, die johanneischen Ich-bin-Worte sowie die christologischen Selbstaussagen Jesu. Keine Frage: Der Jesus, wie ihn Benedikt XVI. zeichnet, ist ein eifriger Studierer: Seine ganze Botschaft gründet im Alten Testament, „das er in seiner progressiven Bewegung von den Anfängen bei Abraham bis in seine Stunde hinein als Ganzheit liest" (86). So ist es gut erklärbar, dass Jesus in der Kombination von Seligpreisungen und Weherufen einem alttestamentlichen Schema folgt (127) und es souverän beherrscht, verschiedene „Stränge und Rinnsale alttestamentlicher Überlieferungen" (382) zusammenzuführen und sie – selbst in der angespannten Situation vor dem Hohen Rat (vgl. Mk 14,62) – in seine Aussagen so einzuschmelzen, dass in deren Prisma eine wahrhaft komplexe Christologie entsteht, für deren schriftgemäße Erklärung es viele Seiten braucht (377–383).

Was merkwürdigerweise auf der ganzen Strecke der öffentlichen Wirksamkeit Jesu, die ja im ersten Band dargestellt werden soll, fehlt, ist der soziale Kontakt Jesu mit den Menschen. Um nur zwei Textkorpora zu nennen: Weder werden die Wundergeschichten behandelt, in denen Jesus reihenweise Menschen heilt und mit ihnen in hautnahe Berührung kommt, noch wird die Tischgemeinschaft Jesu mit den Zöllnern und Sündern in den Blick genommen, von der viele Texte in unterschiedlichen Gattungen erzählen. Darunter besonders eklatant der Vorwurf gegen Jesus, den die Evangelien zitieren, sozusagen eine negative Außenbewertung, die sich nicht verschweigen ließ: „Seht da, ein Fresser und Weinsäufer, ein Freund von Zöllnern und Sündern" (Lk 7,34; Mt 11,19). Im Zusammenhang des Gleichnisses vom Verlorenen Sohn wird zwar der situative Bezug dieses Gleichnisses auf die Tischgemeinschaft mit der religiösen Problemgruppe „Zöllner" gemäß Lk 15,1f. wörtlich wiedergegeben, aber in der Auslegung des Gleichnistextes die soziale Dimension dieses Konflikts mit keinem Wort mehr erwähnt. Im Fall der beiläufigen Erwähnung von Wundergeschichten verhält es sich ähnlich: Im Zusammenhang mit dem Sendungsauftrag, „alle Krankheiten und Leiden zu heilen" (Mt 10,1), ist davon die Rede, dass die „Heilungswunder bei Jesus selbst und bei den Seinen ein untergeordnetes Element im Ganzen ihres Wirkens, in dem es um das Tiefere, eben um das ‚Reich Gottes' geht" (213), spielen. Im Zusammenhang mit der ersten Versuchung, in der Jesus zum Beweis seiner Gottessohnschaft vom Teufel dazu herausgefordert wird, Steine in Brot zu verwandeln, kommt Benedikt XVI. auf die Speisungsgeschichte(n) zu sprechen und problematisiert dabei sogar den scheinbaren Widerspruch, dass Jesus dem Teufel gegenüber verweigert, was er dann vor der hungernden Menge sehr wohl tut. Die Lösung, die der Papst vorträgt: In diesem Fall stimmen die Zugangsbedingungen. Die Menschen suchen Gott, erbitten von ihm das Brot und öffnen sich füreinander. Jesus, so schreibt der Papst, „ist gegenüber dem Hunger der Menschen, ihrem leiblichen Bedürfen, nicht gleichgültig, aber er stellt es in den rechten Zusammenhang und gibt ihm die rechte Ordnung" (61).

Die Frage, die sich bei der Lektüre aufdrängt: Kann (und will) am Ende auch ein großer Gelehrter auf der päpstlichen Kathedra nur das an Jesus entdecken und als wichtig in den Vordergrund stellen, was er selbst für sein Leben und sein Amt als wichtig erkannt hat und so glänzend praktiziert: in seiner Lehre, die im Gebet und in der kanonischen Schriftlektüre wurzelt, die Bedürfnisse der Menschen in den rechten Zusammenhang stellen und ihnen die rechte Ordnung geben?

Auch der Papst arbeitet – gelegentlich – historisch-kritisch

In seinem Vorwort legt der Papst Rechenschaft ab über seinen methodischen Zugang zu den biblischen Texten. Er hat sich für die kanonische Exegese entschieden, die die biblischen Texte bewusst nicht aus ihrer historischen Ursprungssituation heraus verstehen will, sondern aus dem literarischen Kontext, in den sie die Glaubensgemeinschaft gestellt hat, eben den Kanon. In einer christologischen Hermeneutik wird „eine Richtung im Ganzen" erkannt. Die Worte der einzelnen Autoren, „im Prozess der Glaubensgeschichte gereift", weisen über sich und die momentane Situation hinaus, weil letztlich „eine große führende Kraft am Werk ist". Diese Art der Auslegung setzt einen deutlichen „Glaubensentscheid" voraus (18f.). Mit dieser Methodenwahl setzt sich Benedikt XVI. klar von der historisch-kritischen Methode ab, ohne sie jedoch zu verwerfen. Ganz im Gegenteil. Wohl noch selten hat die historisch-kritische Methode eine derart zentrale Stellung im Glaubensgebäude des Christentums erhalten wie hier: Gemäß den Aussagen des Papstes verteidigt sie sozusagen das inkarnatorische Prinzip des Glaubens. Sie stellt sicher, dass sich christlicher Glaube nicht auf „Symbole über geschichtliche Wahrheiten" bezieht, sondern auf Geschichte gründet, „die sich auf dem Boden dieser Erde zugetragen hat". Der Glaube „muss sich der historischen Methode aussetzen – der Glaube selbst verlangt das" (14).

Wenn es bei diesen Aussagen geblieben wäre, wäre das Jesusbuch des Papstes in meinen Augen völlig unangreifbar: eine Glaubenssicht auf Jesus, geleitet durch die vier Evangelien, die immer wieder durch die Brille der Kirchenväter beleuchtet werden; gelehrte Meditationen auf höchstem Niveau, die Glaubenserkenntnisse im Blick auf die alttestamentliche Tradition vertiefen und durchaus kritische Ausblicke auf die gegenwärtige Welt werfen; kanonische Auslegung im besten Sinn des Wortes. Die Evangelien kommen im Heute der Glaubenden an.

Nun aber setzt Benedikt XVI. noch eines drauf: Er startet den Versuch, „einmal den Jesus der Evangelien als den wirklichen Jesus, als den ‚historischen Jesus' im eigentlichen Sinn darzustellen" (20). Und er behauptet, dass diese Gestalt „viel logischer und auch historisch betrachtet viel verständlicher ist als die Rekonstruktionen, mit denen wir in den letzten Jahrzehnten konfrontiert wurden" (21). Das ist nun entweder ein Geniestreich – oder eine Überforderung der kanonischen Exegese, die gemäß ihrer eigenen Definition gerade keine historische Forschung betreiben will.

Der kanonischen Exegese geht es um die parteiische Glaubenssicht, wie sie aus dem Gesamt der biblischen Überlieferung resultiert, der historisch-kritischen Methode dagegen darum, den Prozess des Deutungsgeschehens in seiner historischen Entwicklung ans Licht zu heben. Und dafür gibt es präzise Methoden, wobei der Vergleich der unterschiedlichen Deutungsansätze, gerade auch derjenigen der Gegnerperspektive entscheidend ist, um wenigstens schemenhaft an die Phänomene heranzukommen, die den Anlass für die unterschiedlichen Deutungen gegeben haben. Wenn ich die methodischen Vorüberlegungen Benedikts richtig verstehe, ist für ihn die historische Forschung mit all ihren methodischen Regulierungen der Schutzwall, der die Glaubenssicht davor bewahrt, theologischen Symbolen zu erliegen. Diese geradezu apologetische Funktion kann historische Forschung aber nur dann glaubhaft wahrnehmen, wenn sie unbeeinflusst – sozusagen streng getrennt und unvermischt – von der Glaubenssicht betrieben wird. In seinem Buch jedoch jongliert Benedikt XVI. zwischen beiden Zugangsweisen hin und her – und setzt wohl deshalb „historisch" bei Jesus meistens in Anführungszeichen. Er will kanonische Exegese mit dem nötigen „historischen Ernst" betreiben (22) und wählt aus den Ergebnissen der historischen Forschung das aus, was am besten zur Glaubenssicht passt. Dafür zwei Beispiele:

Benedikt XVI. liegt viel daran, dass die individualisierte Menschensohnvorstellung das Neue an Jesu Selbstaussagen darstellt; deshalb setzt er in diesem Fall auf die (durchaus nicht von allen Forschern geteilte) Ansicht, dass „die vielzitierten Texte aus 4 Esra 13 und dem Äthiopischen Henoch", die ebenfalls eine individualisierte Menschensohnvorstellung aufweisen, „jünger als das Neue Testament" sind und „daher nicht als Quelle dafür angesehen werden" können (376). Dass Martin Hengel das Johannesevangelium einem Augenzeugen als Verfasser zuschreibt und ihn in der Jerusalemer Priesteraristokratie verortet (263f.), Henri Cazelles in einem 2002 erschienenen Aufsatz diesen sogar mit dem Zebedaiden Jakobus identifizieren zu können meint (266f.), wird gegen anderslautende exegetische Meinungen gerne aufgegriffen; dass jedoch Martin Hengel bezüglich des Inhalts des Johannesevangeliums von „völlig freier ‚Jesus-Dichtung'" spricht, stößt auf hartnäckigen Widerspruch. Das Johannesevangelium als Quelle des Glaubens – im Sinn der kanonischen Exegese – zu lesen, genügt Benedikt XVI. nicht. Er möchte es als „Quelle" für den „wirklichen" Jesus benutzen (277), und das heißt: „dass die Leser wirklich den entscheidenden Inhalten dieser Botschaft und in ihr der authentischen Gestalt Jesu begegnen" (271).

Vom inhaltlichen Interesse her geht es Benedikt XVI. in seinem Jesusbuch insgesamt darum aufzuweisen, dass den historischen Jesus nur verstehen kann, wer ihn in seiner innersten Einheit mit „dem Vater" sieht (31), und dass der historische Jesus seinerseits das auch verbal zum Ausdruck gebracht hat, indem er von sich selbst als „Menschensohn", ja von „dem Sohn" schlechthin gesprochen hat. Auch die Jünger seien – zwar erst allmählich, aber noch zu Lebzeiten Jesu – zu dieser Einsicht vorgedrungen (9./10. Kapitel). Genau dieser Punkt wird von den meisten der historisch arbeitenden Jesusforscher bestritten und auf das Konto der frühen Gemeinden geschrieben.

Verblüffend ist nun, dass Benedikt XVI. ausgerechnet bezüglich dieser zentralen Sachaussage an mehreren Stellen seines Buches seinerseits dem historisch-kritischen Standpunkt – ungewollt oder geleitet durch die biblischen Schriften selbst? – gefährlich nahe kommt. Im Kapitel über das Evangelium vom Reich Gottes ist zu lesen: „Während die Achse der vorösterlichen Predigt Jesu die Botschaft von Gottes Reich ist, bildet die Christologie die Mitte der apostolischen Predigt nach Ostern" (77). Ähnlich kann man das schon bei H. S. Reimarus (1694–1768), dem Begründer der historischen Jesusforschung, lesen. Während aber Reimarus damit den garstigen Graben zwischen vorösterlichem Jesus und nachösterlichem Christus auszuheben begonnen hat, versucht Benedikt XVI., die Kluft dadurch einzuebnen, dass er Jesus selbst zum Inhalt der Reich-Gottes-Botschaft erklärt, eine Veränderung also nur in der Terminologie, nicht in der Sache sieht: „Die neue Nähe des Reiches … besteht in ihm selbst" (90). Deutlicher noch vielleicht die Auslegung der Paulusrede in Apg 13. Hier interpretiert Benedikt XVI. das „Heute" der Sohnesaussage von Ps 2,7 („Mein Sohn bist du, heute habe ich dich gezeugt") – völlig kongenial mit den lukanischen Aussagen in Apg 13,32f. – auf die Auferstehung Jesu hin: Die „Auferstehung Jesu (wird) als das erwartete Heute des Psalms geglaubt" (388). Wenn ich nicht ganz irre, kann das frühestens nach Jesu Tod geschehen sein, wie es viele Jesusforscher für die Christologie insgesamt behaupten. Und schließlich liest man im Blick auf die Christologie des Johannesevangeliums: „Die Auferstehung lehrt ein neues Sehen; sie deckt den Zusammenhang zwischen den Worten der Propheten und dem Schicksal Jesu auf. Sie weckt die ‚Erinnerung‘, das heißt, sie ermöglicht das Eintreten in die innere Seite der Geschehnisse, in den Zusammenhang von Gottes Reden und Handeln" (275). Bezugspunkt sind die hermeneutischen Kommentare in Joh 2,17.22 und 12,16, mit denen der Evangelist die tiefere Erkenntnis der Jünger zeitlich hinter die Auferstehung bzw. „Verherrlichung" Jesu platziert und dieses Ereignis als Impuls für die neue schriftgemäße Sicht auf Jesus interpretiert.

Das sind drei Beispiele dafür, wie dem Papst – gerade wegen seiner außerordentlichen Belesenheit – Sätze in die Finger gleiten, die mit seiner Grundthese von den historischen Gottessohnaussagen Jesu bzw. der entsprechenden Gottessohnerkenntnis der Jünger noch zu seinen Lebzeiten zumindest nicht ganz übereinstimmen. Aber darauf kommt es mir gar nicht in erster Linie an. Vermutlich finden fremde Augen im Oeuvre eines jeden Autors gewisse Widersprüche, besonders wenn er seine eigenen Thesen scharf zuspitzt. Viel wichtiger erscheint mir die Frage, wie ein Autor, der einerseits selbst sehr wohl mit historisch-kritischem Denken vertraut ist und gelegentlich auch auf entsprechende Ergebnisse rekurriert, andererseits bei einem generell sehr ruhigen und geradezu weise plaudernden Tonfall in Aggression und Rage geraten kann, wenn das Stichwort „historische Kritik" fällt. So vor allem bei der Auslegung der Versuchungsgeschichte, bei der Benedikt XVI. – wohlweislich als Zitat aus der „Kurzen Erzählung vom Antichrist" von Wladimir Solowjew verpackt – ausgerechnet in einem Bibelgelehrten den Antichristen sieht, der von der Theologischen Fakultät von Tübingen den Ehrendoktor verliehen bekommt. Der Kommentar dazu: „Bibelauslegung kann in der Tat zum Instrument des Antichrist werden" (64).

Niemand kann in das Herz eines Papstes schauen, genauso wenig wie in das Herz des „historischen" Jesus. Ich wage in aller Vorsicht deshalb nur Vermutungen anzustellen:

Angst vor den Konsequenzen der historischen Kritik?

Angst vor der Vielfalt der Jesusbilder? Der historisch-kritische Zugriff auf die biblischen Texte wird immer zu verschiedenen Jesusbildern führen. Zum einen liegen in den Traditionen tatsächlich verschiedene, zumindest unterschiedlich nuancierte Jesusbilder vor. Zum anderen wird je nach Gewichtung des Materials und nach den (unbewussten) Vorlieben des Forschers die Rekonstruktion anders ausfallen. Für eine gesunde Plausibilitätsregulierung sorgt die Auseinandersetzung im Wissenschaftsbetrieb und die Rezeption in der Öffentlichkeit von ganz alleine.

Aber auch kanonische Exegese kommt nicht zu einem einheitlichen Jesusbild, es sei denn das päpstliche Jesusbild wird zum „kanonischen" erklärt, was durchaus der inneren Logik und dem Selbstverständnis dieser Richtung entspräche: „… über das ‚richtige Verständnis' (sc. der Schrift) wird (im Konfliktfall mit Macht) entschieden …" (L. Schwienhorst-Schönberger). Bezeichnenderweise besitzt das Wort „eindeutig" einen hohen Stellenwert im päpstlichen Jesusbuch (z. B. 59; 87), genauso die Wertung „in Wirklichkeit" (z. B. 21; 91). Steht dahinter die Angst vor einem pluralen, uneindeutigen Jesusbild?

Allerdings: Gerade der Kanon steht für die Nicht-Eindeutigkeit des Jesusbildes ein, wenn er vier verschiedene Jesusinterpretationen in den vier Evangelien nebeneinander setzt. Und dass diese vier Evangelien weder ineinandergelesen noch miteinander harmonisiert werden sollen, dafür gibt es meines Erachtens einen ziemlich „eindeutigen" historischen Beleg: das so genannte Diatessaron des Tatian (Ende des 2. Jh.). Als Alternative zur Vierevangeliensammlung wird hier eine Evangelienharmonie vorgelegt, anstelle der vier Evangelien mit je unterschiedlichen Akzenten eine einzige Evangeliumserzählung, in der alle Unterschiede ausgeglichen sind. Im Blick auf diese Alternative, die insbesondere im syrischen Raum, gerade was die Praxis der kirchlichen Verkündigungen anging, mehrere Jahrhunderte lang zugunsten des Diatessaron ausgefallen war, spricht die Tat des Bischofs Theodoret von Kyros Bände: In der Mitte des 5. Jh. ließ er über 200 Exemplare des Diatessaron in seinen Gemeinden einziehen und durch das „Evangelium der Getrennten", eben die vier kanonischen Evangelien, ersetzen. Ein Zeugnis für die theologische Einsicht, dass der Geist Gottes durchaus unterschiedliche Jesusdeutungen inspiriert?

Berührungsängste mit der sozialen Welt? Historische Kritik vernetzt die biblischen Schriften mit der sozialen Welt, in der sie entstanden sind. Gerade durch die sozialgeschichtlich bestimmte Exegese der vergangenen Jahrzehnte haben sowohl die ersten Gemeinden als auch der historische Jesus viel „Fleisch" bekommen: Wir können uns das Umfeld immer konkreter vorstellen, in dem Jesus bzw. die frühen Gemeinden agiert haben. Auf diese Weise gelingt es, die Taten und Worte Jesu in ihrer konkreten gesellschaftlichen Verflechtung zu beleuchten. In historischer Perspektive zeigt sich: An Jesus scheiden sich die Geister, wenn es um die Beurteilung vor allem seiner sozialen Aktionen geht, sei es seine freundschaftliche Tischgemeinschaft mit Zöllnern, seien es seine offensichtlich erfolgreichen Exorzismen an Besessenen, um nur die beiden wichtigsten Brennpunkte zu nennen. Was für die einen, insbesondere für die Glaubenswächter seiner Zeit, lediglich religiöse und gesellschaftliche Tabubrüche sind, darin drückt sich für die anderen der wahre Gotteswille aus, zeigen sich die Handlungskonsequenzen der nahe gekommenen Gottesherrschaft. Das ist die Glaubenssicht, die sich später in den Erzählungen über Jesus und in den christologischen Titeln verdichtet. Im Sinn der methodischen Vorüberlegungen des Papstes konfrontiert historische Kritik den christlichen Glauben damit, dass das Bekenntnis zum „Sohn Gottes" – historisch rückbezogen auf die Figur Jesu von Nazaret – immer mit konkreter sozialer Wirklichkeit und bestimmten Handlungsoptionen zu tun hat.

Angst davor, am eigenen Ursprung gemessen zu werden? Historische Kritik bedeutet immer auch schmerzhafte Konfrontation mit den Anfängen und den ständigen, oft bizarren und widersprüchlichen Entwicklungslinien der eigenen Religionsgemeinschaft. Im Fall der historischen Kritik an den Evangelien sogar: auf einen „Ursprung" zu stoßen, der seinerseits uneindeutig ist, eben im vierfältigen Bild der Evangelien – die Vorstufen, die von den Exegeten herausgeschält werden, einmal gar nicht mitgerechnet. Historisch-kritische Forschung fordert eine Glaubensgemeinschaft dazu heraus, sich ihrer eigenen Geschichte zu stellen, immer neu danach zu fragen, inwieweit sie ihren Ursprüngen treu geblieben ist, welche Akzente ihrer Geschichte sie in der Vordergrund rückt und welche sie eventuell auch verdrängt hat. Insbesondere mit den blinden Flecken konfrontiert zu werden, tut weh und erregt Gegenwehr.

Auch das hat Papst Benedikt am eigenen Leib erfahren, als er in einer höchst bedeutsamen Situation, sozusagen vor den Augen der medialen Weltöffentlichkeit als Gelehrter auf dem Papstthron in der Aula der Universität von Regensburg an den Koran, das heilige Buch der Muslime, mit historisch-kritischen Kategorien herangegangen ist. Er rekurrierte auf den Diskurs zwischen Kaiser Manuel II. und einem gebildeten Perser und sagte wörtlich: „Der Kaiser wusste sicher, dass in Sure 2,256 steht: Kein Zwang in Glaubenssachen – es ist wohl eine der frühen Suren aus der Zeit, wie uns ein Teil der Kenner sagt, in der Mohammed selbst noch machtlos und bedroht war. Aber der Kaiser kannte natürlich auch die im Koran niedergelegten – später entstandenen – Bestimmungen über den Heiligen Krieg ...„[1] Alles weitere, das folgende Zitat sowie die Empörung, die es ausgelöst hat, ist bekannt. Genau besehen hat Papst Benedikt den Gelehrten der islamischen Welt eigentlich eine Steilvorlage gegeben, nämlich in einem vernunftgeleiteten Umgang mit ihrer eigenen Tradition sich der Anfänge zu besinnen und in den Schichten der Tradition, wie sie von den „Kennern" herausgearbeitet wurden, sehr wohl zwischen der Lehre des machtlosen und bedrohten Mohammed am Anfang und „später entstandenen Bestimmungen" zu unterscheiden – und zwar im Blick auf eine alternative Handlungsoption heute.

Nachdem der persönliche Besuch des Papstes in der Türkei wieder alles wettgemacht zu haben scheint, die Regensburger Rede aber bleibend das Level eines zukünftigen theologischen Diskurses vorgegeben hat, sei die Frage erlaubt: Soll im eigenen Haus als störend oder gar als Unruheteufel befunden werden, was im Blick auf eine andere Glaubensgemeinschaft als heilsames Mittel erachtet wird, damit sie in einen vernunftgeleiteten Dialog eintritt und sich ihrem eigenen geschichtlichen Werdegang stellt?

Papst Benedikt XVI. schreibt am Ende seines Vorworts: „Es steht jedermann frei, mir zu widersprechen" (22). Gleiches gilt für meine Überlegungen. Meistens bringt Kritik zuallererst die Schwächen an den eigenen Lieblingsideen zum Vorschein. Entscheidend ist etwas anderes: Wenn beide Seiten es mit ihrem Ringen um ihr Jesusbild ernst meinen und wenn beide Seiten einander innerhalb der großen Nachfolgegemeinschaft Jesu von Nazaret einen Platz lassen, dann wäre schon viel für eine unaufgeregte und vernunftgeleitete

Diskussion um Jesusbilder und Christologien innerhalb des Katholischen Hauses gewonnen.

Anmerkungen

[1] Benedikt XVI., Glaube und Vernunft. Die Regensburger Vorlesung, Freiburg i. Br. 2006, 15.

Historisch – kanonisch – kirchlich: Zum Jesusbild Joseph Ratzingers

von Jörg Frey

1. Ein wissenschaftsgeschichtliches und ökumenisches Ereignis

Es gibt Bücher, die sind ein Ereignis. Das eben erschienene Jesusbuch (bzw. dessen erster Band) von Papst Benedikt XVI. ist dies in besonderem Maße und in mehrfacher Hinsicht, wissenschafts- und kirchengeschichtlich und ökumenisch: Wann hat ein amtierender Papst zuletzt eine im eigentlichen Sinne fachwissenschaftliche Monographie veröffentlicht? In der Geschichte der neuzeitlichen Bibelwissenschaft ist dies schlechterdings einzigartig. Hinzu kommt, dass Joseph Ratzinger von Hause aus nicht Bibelwissenschaftler, sondern Dogmatiker ist. Wo gibt es sonst, so mag man fragen, Systematische Theologen, die sich in einer solchen Ernsthaftigkeit und Gründlichkeit auf die biblischen Texte und die exegetischen und historischen Fragen einlassen, um eine exegetisch ernst zu nehmende Gesamtdarstellung hervorzubringen? Hier wird man auch unter protestantischen Kollegen lange suchen müssen. Höchst bemerkenswert ist weiter, dass Benedikt XVI. sein Werk dezidiert unter bürgerlichem Namen publiziert hat und damit die klare Unterscheidung von persönlicher wissenschaftlicher Verantwortung und kirchen- oder lehramtlicher Verlautbarung gewahrt wissen will. Die hier vorgetragenen Überlegungen wollen allein am Maßstab der exegetischen und theologischen Sachgemäßheit beurteilt werden, und es würde ihre Intention verfehlen, wenn Rezipienten in ihnen eine lehramtliche Äußerung oder einen bindenden Maßstab für die künftige Diskussion innerhalb der römisch-katholischen Kirche sehen wollten. Eine solche Offenheit des Denkens, ein Zutrauen in die Kraft der eigenen Argumente, das explizit darauf verzichten kann, eine höhere Autorität zu reklamieren, erscheint auch in der Geschichte des obersten römisch-katholischen Lehramts einzigartig und ist ein kaum zu überschätzendes, und ich füge hinzu: lange ersehntes, ökumenisches Signal. Zugleich ist festzustellen, dass Benedikt XVI. in diesem Werk seiner ureigenen Aufgabe nachkommt, der Bezeugung des Evangeliums von Jesus Christus bzw. der in den Evangelien erzählten Geschichte Jesu. Damit ruft er seine Kirche und alle Leserinnen und Leser seines Werks zur Person Jesu Christi. Gäbe es eine vornehmere Aufgabe für den ,Nachfolger Petri'?

2. Der Ansatz: Der biblische Christus als der historische Jesus

Die Einladung zum wissenschaftlichen Gespräch und gegebenenfalls auch zum Widerspruch nehme ich – als dezidiert evangelischer Exeget und Theologe – gerne an, zumal ich in vielen Passagen die Erträge der zuerst im protestantischen Kontext gewachsenen Exegese sehe. Das Spektrum rezipierter und zum Teil benannter Positionen ist dabei erstaunlich breit: Es reicht natürlich von den Kirchenvätern über katholische ,Klassiker' wie Henri de Lubac und Romano Guardini, so unterschiedliche protestantische Exegeten wie Adolf von Harnack, Rudolf Bultmann, Joachim Jeremias, Martin Hengel und Peter Stuhlmacher bis hin zu jüdischen Gelehrten wie Martin Buber und Jacob Neusner. Dabei zeigt sich immer wieder die eigene, in langjährigem Ringen gewonnene Perspektive des Autors. Dieser Zugang ließe sich beschreiben als ein historische Forschung rezipierender und zugleich ,kanonischer', darüber hinaus wirkungsgeschichtlich vermittelter (und darin dezidiert kirchlicher) Ansatz – darin liegen seine Stärken und zugleich seine Grenzen.

Hervorzuheben ist zunächst das klare Bekenntnis zur Unverzichtbarkeit der historisch-kritischen Methode – aus *theologischem* Grund: „Der Glaube selbst verlangt", sich der historischen Nachfrage auszusetzen (14), wenn er wirklich auf ein geschichtliches Geschehen bezogen und nicht sub-jektivistisch oder spiritualistisch ‚verdünnt' sein will. Der Verzicht auf diese Nachfrage – aus welchen Motiven auch immer – birgt letztlich die Gefahr, die geschichtliche und inkarnatorische Dimension des Glaubens preiszugeben. Das Wissen um die Grenzen der historisch-kritischen Metho-de, um die Tatsache, dass sie im Raum mehr oder weniger gut begründeter Hypothesen bleibt und keine existentielle Gewissheit begründen kann, dass sie in der Beschreibung der Vergangenheit verharrt und keine Gegenwärtigkeit des Wortes vermitteln kann und dass sie analogieloses Gesche-hen prinzipiell nicht zu erfassen vermag, schränkt den Wert und die Notwendigkeit dieser Methode nicht ein. Dass die historische Analyse nicht genügt, sondern durch eine theo-logische Interpretation zu vertiefen ist, ohne dass diese den Ernst der historischen Fragen einschränken könnte, dies alles verdient Zustimmung, gerade im Kontext einer mo-dernen (oder ‚postmodernen') Hermeneutik. Die konkrete Durchführung ist an diesem Bekenntnis zu messen.

Was kennzeichnet das Christusbild Joseph Ratzingers? Die programmatische Feststellung, dass – auf der Basis al-ler historischen Analysen – der „Jesus der Evangelien" der „wirkliche Jesus" sei (20), führt terminologisch in die Nähe der ‚klassischen' Position des evangelischen Systematikers Martin Kähler, der schon vor gut 100 Jahren seine Skepsis gegenüber der Künstlichkeit und ‚Unwirklichkeit' der Bilder ‚des' „so genannten historischen Jesus" äußerte[1]. Während Kähler jedoch den ‚wirklichen', da verkündigten und insofern

‚wirksamen' Christus der Evangelien dem ‚so genannten historischen Jesus' gegenüberstellen wollte, geht Ratzinger weiter, wenn er – explizit als „Versuch" – den Jesus der Evangelien „als den ‚historischen Jesus'" darstellen will (20). Dieses
„als" ist entscheidend, denn die beiden Ebenen, die bei Kähler noch als Alternativen gegenüber standen, scheinen nun
durch dieses identifizierende „als" engstens zusammenzu-
rücken, so dass die Kategorien des ‚historischen' Jesus (als
Gegenstand historischer Rekonstruktion) und des erzähle-
risch gedeuteten und verkündigten Jesus der Evangelien zu
verschwimmen drohen und letztlich unklar wird, was dann
mit dem Attribut ‚historisch' bezeichnet sein soll.

Zustimmung verdient Ratzingers Skepsis gegenüber der
hermeneutisch naiven Rede von „Jesus, wie er wirklich
war"[2], und den vielen, letztlich unkritischen Bildern ‚des'
historischen Jesus, in denen sich allzu oft nur ‚der Herren
eigner Geist' spiegelt. Dass auch die vorliegende Darstellung
diesem Zirkel nicht entrinnen kann, versteht sich für den
versierten Dogmatiker von selbst. Zustimmung verdient
meines Erachtens auch das theologische Anliegen, den seit
Reimarus und Lessing aufgerissenen Graben zwischen dem
irdischen Jesus und den nachösterlichen Deutungen seiner
Jünger bzw. zwischen Jesu Botschaft und der späteren Christologie zu überbrücken.[3] Die Frage ist freilich, ob dies nicht
doch einen längeren, wenngleich meines Erachtens konse-
quenten Interpretationsprozess voraussetzt, der durch das
identifizierende „als" unzureichend erfasst ist. Ratzingers
schlichte Formulierung, „dass ich den Evangelien traue"
(20), überspielt Probleme, die in einer streng historischen
Darstellung klarer offenzulegen wären. Kritische Fragen
stellen sich, wo Spannungen und Widersprüche nicht additiv oder harmonistisch auflösbar sind. Schon die Alte Kirche
sah sich hier zu vielfältigen Fragen und Denkversuchen herausgefordert[4].

3. Die Durchführung: kanonisch-additive und wirkungsgeschichtliche Interpretation

Wie geht Ratzinger konkret vor? Historisch sachgemäß beginnt die Darstellung mit der Taufe Jesu durch den Täufer – nicht mit den legendarischen Vorgeschichten –, wobei ein theologischer ‚Vorspann' den Horizont der alttestamentlichen Verheißung markiert. In den einzelnen Abschnitten werden die synoptisch parallelen Berichte nacheinander vorgeführt und – als sich ergänzend – interpretiert. So treten die biblischen Bilder des Täufers nebeneinander, als böten sie eine sukzessive Vertiefung, während die Spannung zwischen dem düsteren Bußpropheten der ältesten Tradition und dem reinen Christuszeugen (bei Johannes) kaum zutage tritt und letztlich offen bleibt, welches der Bilder der historisch rekonstruierbaren Wirklichkeit entspricht und wo spätere Deuteaspekte dominieren und einzelne Züge zurückgedrängt, ja verdrängt werden, um den Täufer zu ‚taufen' und ganz zum ‚ersten Christen' und ‚Freund des Bräutigams' zu machen. Dahinter steht die hermeneutische These, dass in der innerbiblischen ‚Relecture', aber auch im Neben- und Nacheinander der Evangelien eine Entfaltung der „inneren Potentialität" der biblischen Zeugnisse erfolgt. Inwiefern hier eines auf das andere aufbaut, ‚Potentiale' weiterführt, wäre im Detail zu erfragen – als hermeneutische Voraussetzung birgt ein solches Modell die Gefahr, dass die je eigenen geschichtlichen Anliegen und Perspektiven der verschiedenen biblischen Zeugen eingeebnet werden. Gewiss nötigt uns der biblische Kanon, nach der Einheit in der Pluralität der Zeugnisse zu fragen[5], aber es muss offen bleiben, ob sich dabei stets ein ‚organischer' Zusammenhang ergibt oder nicht auch zuweilen historisch wie theologisch konträre Perspektiven nebeneinander stehen bleiben, die sich nicht zu einer ‚höheren' Einheit oder einer Linie der sukzessiven Entfaltung der Wahrheit vereinen lassen. Und wo der Systematiker zu solchen Modellen tendieren mag, hat der Exeget als Anwalt der Texte die Pflicht, das je eigene Wort der unterschiedlichen Zeugen in Erinnerung zu rufen.

4. Das historische Kernproblem: Johannes und die Synoptiker

Das Kernproblem schon der altkirchlichen Ausleger war das Verhältnis der Synoptiker zu dem ganz anders gestalteten johanneischen Bericht. Wann erfolgte die Tempelreinigung, am Ende des Wirkens Jesu (Mk 11,15–18), als Anstoß für seine Gegner und Ursache für seine Beseitigung, oder ganz am Anfang, wo sie bei Johannes programmatisch steht (Joh 2,13–22)? Oder sollte Jesus gar zweimal eine solche Aktion unternommen haben? Wie redete der irdische Jesus, in kurzen Sentenzen und Gleichnissen wie bei den Synoptikern oder in langen meditativ-theologischen Reden wie bei Johannes? Oder lässt sich dies, wie versucht wurde, auf unterschiedliche Sprechsituationen (öffentlich/esoterisch) und Adressatenkreise ,aufteilen'? Hat Jesus in Gethsemane um Verschonung gebetet (Mk 14,36), oder hat er eine solche Bitte dezidiert abgelehnt (Joh 12,27; 18,11)? Und ist sein letztes Wort am Kreuz eine Klage über seine Gottverlassenheit oder der Triumphruf ,Es ist vollbracht!'? Diese Fragen stellen sich jedem wachen Bibelleser und entstammen keineswegs böswilliger Skepsis der historisch-kritischen Exegese. Und sie lassen sich kaum additiv lösen, sondern fordern eine Entscheidung, wenn man nicht die historischen Fragen als irrelevant zurückdrängen will – mit den gravierenden theologischen Konsequenzen, die Joseph Ratzinger zu Eingang seines Werks benannt hat.

Verständlicherweise beklagt der Autor, dass die neuere Forschung Johannes weithin aus der Diskussion um den historischen Jesus verabschiedet hat. Dass dies – trotz einzelner beachtlicher historischer Informationen – im Ganzen zu Recht geschah, würde ich dennoch festhalten. Die Alternative wäre, wie einst Schleiermacher, den ‚echten Totaleindruck' des vierten Evangelisten vorzuziehen und zu postulieren, dass Johannes – als Augenzeuge – die Dinge eben besser weiß, die Synoptiker ergänzt und – im Konfliktfall – korrigiert. Dann aber gäbe man die synoptischen Aussagen, etwa zum Reich Gottes und zur Parusie, preis. Dies konnte Schleiermacher und vielen Auslegern des 19. Jahrhunderts erstrebenswert erscheinen, wäre aber theologisch gleichermaßen fatal. Natürlich zieht auch Ratzinger diese Konsequenz nicht.

Vielmehr ringt er intensiv mit der ‚johanneischen Frage', der wohl schwierigsten historischen Frage der neutestamentlichen Exegese, der Frage nach Verfasser und historischem Wert des vierten Evangeliums. In etwas selektiver Auswahl seiner Gewährsleute ist er bemüht, die Möglichkeit offenzuhalten, dass Johannes doch von einem Augenzeugen geschrieben sein oder zumindest einen solchen als Gewährsmann im Hintergrund haben könnte. Dabei greift er wie andere konservative Exegeten zu dem Modell, der bei Papias erwähnte ‚Presbyter Johannes' (vgl. 2/3 Joh) sei Schüler des gleichnamigen Apostels und Zebedäussohns gewesen. Aber diese Überlegungen bewegen sich lediglich auf dem Boden vager Möglichkeiten, die textlich kaum zu belegen sind. Im Übrigen dominiert hier die Annahme, mit der Abfassung durch einen Augenzeugen ließe sich die Wahrheit des Bezeugten (Joh 19,35) im Sinne historischer Faktizität ‚sichern' – als ob nicht auch ein Augenzeuge bzw. ein Schüler desselben als ‚Redaktor' in der Lage wäre, in seiner Darstellung deutend, arrangierend, dramatisierend, ja auch im Sinne der erkannten Wahrheit korrigierend einzugreifen.

Mit Recht verweist Ratzinger auf die bei Johannes explizit erwähnte (Joh 2,22; 12,16) nachösterliche, als geistgewirkt erfahrene ‚Erinnerung‘, die den Jüngern erst das ‚eigentliche‘ Verstehen des Weges und der Worte Jesu erlaubte und die ‚johanneische Sehweise‘ begründete. Aber ist es nicht gerade dieser geistgewirkte Deutungs- und Übersetzungsprozess, der die Ebene der historischen Faktizität transzendiert, die *doxa* in der *sarx* zu sehen erlaubt und die Eigenart des johanneischen Christusbildes im Ganzen (Reden, Wundererzählungen, Passionsgeschichte und Todesdeutung) begründet? Das ‚Erinnern‘ und ‚Lehren‘ des Geistes, auf den sich das johanneische Zeugnis letztlich beruft, wäre in der Tat unterbestimmt, wenn man es primär auf die bessere und vollständigere Erkenntnis der geschichtlichen Vorgänge beziehen wollte. Dass in diesem Erinnern das „bloß banale Tatsachengedächtnis überschritten" wird (273), und Johannes „keine stenographischen Nachschriften der Worte und Wege Jesu liefert" (277), ist Ratzinger wohl bewusst. Doch fällt er in der Abwehr der zu negativ klingenden Rede von der „Vergewaltigung" der geschichtlichen Wirklichkeit hinter diese Einsicht zurück, wenn er nur beteuert, Johannes bleibe eben doch „bei der geschehenen Wirklichkeit". Inwiefern dies der Fall ist und wo und warum er diese bzw. die ihm vorgegebene Tradition auch eigenständig (und für manche ärgerlich frei) umgestaltet, ist das eigentliche Problem. Aber es führt kein Weg an der Einsicht vorbei, dass die Sprache des johanneischen Jesus nicht die des irdischen ist, sondern die des Evangelisten, die dieser auch gebraucht, wo er selbst erzählt oder andere Figuren reden lässt.[6] Die hier zugrunde liegende Übersetzung und deutende Verarbeitung der Worte Jesu zu den großen metaphorischen und christologischen Reden, einschließlich der Zuspitzung des Konflikts mit ‚den Juden‘ und der expliziten Deutung seines Todes in den Abschiedsreden ließe sich als ein Prozess der Interpretation und Ausgestaltung älterer Vorgaben beschreiben, ebenso die programmatische Voranstellung der Tempelreinigung, die Neuinterpretation der Täufertradition, die kritische Korrektur der Gethsemaneperikope und die Ausgestaltung des Passionsberichts mit der Klimax im letzten Wort Jesu[7] und dem hochsymbolischen Austreten von Blut und Wasser aus Jesu Seitenwunde. Die Wahrheit, die hier bezeugt wird, transzendiert die (von Johannes nicht in Frage gestellte) physische Wahrheit des Todes Jesu bei weitem. Letztlich geht es in der ganzen Darstellung um die Frage, wer dieser Jesus wirklich ist und wie vor allem sein Tod zu verstehen ist: als Scheitern, wie es ‚vor Augen‘ liegt und der Gemeinde von ihren Gegnern entgegengehalten wird, oder als Sieg über die Welt und Begründung von Heil und Leben, wie es den johanneischen Zeugen und den Lesern des Evangeliums durch den Geist und die deutend erinnerte Geschichte Jesu tröstlich und vergewissernd nahegebracht wird.

5. Die theologische Kernfrage: Wer ist Jesus?

Der vorliegende erste Band der Darstellung endet mit drei Abschnitten zu Selbstaussagen Jesu (Menschensohn, Sohn, „Ich bin es"). Damit kommt der im Petrusbekenntnis thematisierten Frage nach Jesu wahrer Identität als der *theologischen* Kernfrage jeder Jesusdarstellung besonderes Gewicht zu. Mit Recht: Auch wenn historische Nachfrage nur Aussagen über das Damals zu machen imstande ist und den Glauben nicht zu begründen vermag, so führt sie doch vor die Frage, ob der, der ohne weltliche Macht blieb und am Kreuz den Verbrechertod starb, wirklich ‚der Messias‘, ‚der Sohn Gottes‘ und der Bringer ewigen Lebens *ist*. Dabei haben die Selbstaussagen Jesu zentrale Bedeutung für die Frage, wie das christologische Bekenntnis zu Jesus in seinem Selbstanspruch gründet bzw. auf diesen zurückbezogen ist.

Historisch sachgemäß verarbeitet Ratzinger die Einsicht, dass Jesus nicht von sich als Messias gesprochen hat (369), und dass ‚der Menschensohn' als Rätselwort sein Persongeheimnis umschreibt – wobei ich gegenüber einer verbreiteten Kritik der These ausdrücklich zustimme, dass Lk 12,8f. (par Mk 8,38) in rätselhafter Form das Bekenntnis zu Jesus mit dem Urteil im letzten Gericht zusammenbringt und damit für die Person Jesu einen Anspruch erhebt, der alle gängigen Kategorien des Weisen, des Rabbi oder des Propheten sprengt. Von dieser eschatologischen Vollmacht Jesu, in dessen Wirken nach seinem eigenen Anspruch Gott wirkt und dessen Vergebungs- und Heilszusage vor Gott gilt, führt eine relativ konsequente Linie zur späteren Christologie. Diese expliziert sich bei Johannes noch einmal in neuer Gestalt, gipfelnd in den „Ich-bin"-Aussagen, in denen Jesu göttliches Wesen zur Sprache kommt. Die liberale Diastase zwischen dem ‚schlichten' Evangelium Jesu und der entfalteten Christologie lässt sich nicht aufrecht erhalten, andererseits sind doch der Selbstanspruch des irdischen Jesus, wie er sich historisch rekonstruieren lässt, und die nachösterlich im Licht der Schrift und der ‚Erinnerung' durch den Geist formulierte Deutung zu unterscheiden. Beide Ebenen lassen sich nicht durch ein schlichtes ‚als' identifizieren. Das christologische Grundanliegen, das Joseph Ratzinger mit diesem Werk verfolgt, ist – bei allen nötigen Korrekturen im Detail – theologisch dringend und exegetisch durchaus begründet, auch wenn der Exeget im Unterschied zum Dogmatiker nicht apriorisch von dem „inneren Mehrwert des Wortes" und der Entfaltung seiner „inneren Potentialitäten" ausgehen darf, sondern umgekehrt von der Differenziertheit der Texte ausgehend nach möglichen Verbindungen und gegebenenfalls bleibenden und möglicherweise auch theologisch berechtigten Differenzen suchen muss.

Anmerkungen

[1] M. Kähler, *Der sogenannte historische Jesus und der geschichtliche, biblische Christus*, Leipzig 1892.

[2] So häufig etwas marktschreierisch in Buchtiteln, z. B. K. Berger, *Wer war Jesus wirklich*, Gütersloh 1999; G. Lüdemann, *Der große Betrug und was Jesus wirklich sagte und tat*, Lüneburg 1998; C. P. Thiede, *Der unbequeme Messias. Wer Jesus wirklich war*, Basel 2006.

[3] Vgl. J. Frey, *Der historische Jesus und der Christus der Evangelien*, in: J. Schröter – R. Brucker (Hg.), *Der historische Jesus*, BZNW 114, Berlin – New York 2002, 273–336.

[4] Grundlegend H. Merkel, *Die Widersprüche zwischen den Evangelien*, WUNT 13, Tübingen 1971.

[5] Programmatisch F. Hahn, *Theologie des Neuen Testaments II: Die Einheit des Neuen Testaments*, 2. Aufl., Tübingen 2005; vgl. J. Frey, *Zum Problem der Aufgabe und Durchführung einer Theologie des Neuen Testaments*, in: C. Breytenbach – J. Frey (Hg.), *Aufgabe und Durchführung einer Theologie des Neuen Testaments*, WUNT 205, Tübingen 2007, 3–53.

[6] Vgl. J. Frey, *Das vierte Evangelium auf dem Hintergrund der älteren Evangelientradition. Zum Problem: Johannes und die Synoptiker*, in: Th. Söding (Hg.), *Johannesevangelium – Mitte oder Rand des Kanons?* (QD 203), Freiburg u.a. 2003, 60–118 (86ff.).

[7] Vgl. M. Hengel – A. M. Schwemer, *Der messianische Anspruch Jesu und die Anfänge der Christologie*, WUNT 138, Tübingen 2001; dies., *Geschichte des frühen Christentums I: Jesus und das Judentum*, Tübingen 2007 (im Druck).

Historische Rückfrage und deutende Erinnerung an Jesus

Zum Jesusbuch von Joseph Ratzinger/Benedikt XVI.

von Rudolf Hoppe

Einleitung

Das II. Vatikanische Konzil hat zwar keine eigene Erklärung
zur Interpretation der Bibel hervorgebracht[1], dennoch hat
die Dogmatische Konstitution „Dei Verbum", im Rückblick
betrachtet, zu einem „Bibelfrühling" in der Katholischen
Kirche und zu einem historischen Aufbruch in der katholischen Bibelwissenschaft geführt; es war dann nur eine
Frage der Zeit, bis die führenden Vertreter der katholischen
Exegese[2] geachtete Gesprächspartner der protestantischen
Exegese wurden, was sich freilich schon vor dem Konzil angebahnt hatte. Den Weg für die historisch-kritische
Exegese hatte nicht zuletzt die Enzyklika Papst Pius' XII
„Divino afflante Spiritu" aus dem Jahre 1943 frei gemacht;
dazu kam schließlich im deutschsprachigen Raum der für
die katholische Exegese befreiende Aufsatz „Dogmatische
Erwägungen zum Wissen und Selbstbewußtsein Jesu" des
seinerzeit wohl bedeutendsten katholischen Systematikers,
Karl Rahner.[3] Spätestens seit der Zeit des II. Vaticanums war
die Historisch-Kritische Exegese Standard auch in der katholischen neutestamentlichen Bibelwissenschaft und ist es
bis heute geblieben. Bei allen Veränderungen und Weiterent-
wicklungen ihres Instrumentariums hat dieser methodische
Ansatz sich im Prinzip bewährt, und ohne die Herausforde-
rungen der Exegese der letzten Jahrzehnte ist auch das Buch

„Jesus von Nazareth" von Joseph Ratzinger/Benedikt XVI. nicht zu denken.[4]

In meinem in Respekt vor der großen Persönlichkeit Joseph Ratzinger vorgelegten Beitrag geht es mir in erster Linie um Überlegungen zur Begründung der Notwendigkeit historischer Fragestellung an die Jesusüberlieferung und ihren Traditionsprozess und daran anschließend um einige kurze Anfragen an das Werk des hochangesehenen Autors.[5]

1. Zur Begründung historisch-kritischer Rückfrage nach Jesus

In einem bemerkenswert kurzen wie prägnanten Beitrag setzte sich Anton Vögtle im Jahre 1970 kritisch mit Rudolf Bultmanns existentialem Ansatz auseinander und versuchte dessen restriktiver Handhabung der historisch-objektivierenden Frage nach Jesus auf den Grund zu gehen sowie die innere Widersprüchlichkeit in dessen argumentativem Vorgehen aufzudecken.[6] Vögtle hebt in diesem Beitrag den einen neuralgischen Punkt hervor, Bultmann verfolge „ein gezieltes Desinteresse am Historischen", daneben stehe aber „andererseits die verabsolutierende In-Geltung-Setzung eines historischen Phänomens, nämlich der dem Karfreitag nachfolgenden Verkündigung der Heilsbedeutsamkeit der Hinrichtung Jesu durch seine Anhänger, kurz gesagt, des Christuskerygmas".[7] Den tieferen Grund sieht Vögtle in Bultmanns streng existentialem Ansatz der Entscheidung auf anthropologischer Ebene: „Es dürfen keine Sachverhalte erhoben werden, die ‚Glauben' als ausschließlich existentielle Entscheidung, als ausschließlichen Lebensvollzug und einen diesem Glaubensverständnis korrespondierenden Begriff von ‚Offenbarung', von ‚Heilsgeschehen' – als ein nur durch das verkündigte Wort in-mir-Sein gewinnendes, mich aufrufendes und umgestaltendes Geschehen, im Unterschied zu einem unabhängig von meiner subjektiven Betroffen-heit gültigen Handeln Gottes – in Frage stellen könnten".[8] Andererseits gestehe aber auch Bultmann zu, der Histori-ker könne die Entscheidung der Jünger für Jesus und die Heilsbedeutung des Kreuzes „bis zu einem gewissen Grade begreiflich machen durch Reflexion auf die ehemalige Ver-bundenheit der Jünger mit Jesus".[9] Den eigentlichen Grund für Bultmanns Reserve gegenüber jeder historisch-objekti-vierenden Rückfrage sieht Vögtle in einem rein anthropo-logisch orientierten Wirklichkeitsbegriff, „der als aprioris-tisches Kriterium die Rekonstruktion und Interpretation der Christusbotschaft bestimmt".[10]

Dagegen stellt Vögtle das Postulat, es dürfe in keinem Fall methodisch „der Gesichtspunkt entscheiden, was der Inter-pret von seinem eingebrachten Wirklichkeitsverständnis, von seinen Denkvoraussetzungen und -möglichkeiten her als für sich selbst gültig zu akzeptieren imstande und bereit ist".[11]

Natürlich lässt sich die Frage stellen, ob sich im Kontext heutiger geschichtstheoretisch-hermeneutischer Erkennt-nisse die von Vögtle eingeforderte Objektivität so noch durchhalten lässt. Das Problem ist mit der Einsicht in die nicht zu umgehende Subjektivität jedes historischen Zu-gangs zur vergangenen Wirklichkeit gestellt, ebenso mit der Tatsache, dass sich eine historische Rekonstruktion nie mit der zu erforschenden Situation völlig deckt, da auch der ver-meintlich eindeutige historische Befund eben nicht „eindeu-tig", sondern immer schon mit einem Deutungsprozess ver-schmolzen ist.[12] An Vögtle wäre deshalb aus heutiger Sicht die Rückfrage zu stellen, ob der Historiker überhaupt darauf verzichten *kann* (also nicht, ob er dazu *bereit* ist), den zu eruierenden Befund durch die Brille seines eigenen Wirk-lichkeitsverständnisses zu sehen. G. Häfner ist hier sicher zuzustimmen: „Wenn historische Aussagen ihren Sinn nicht verlieren sollen, ist ihre Referenz auf eine außersprachliche vergangene Wirklichkeit methodisch abzusichern. Dieser Bezug lässt sich nicht auf eine vermeintlich unproblematische Faktenlage gründen, auf deren Basis dann der fiktionale Zugriff des Historikers geschähe".[13]

Bedeutet das aber – diese Konsequenz zieht Häfner ausdrücklich *nicht* –, dass der Weg hinter die greifbaren Quellen zur Erschließung von historischer Wirklichkeit so unwegsam ist, dass man ihn vor lauter Gestrüpp nicht mehr gehen kann? Ist die Rückfrage nach Jesus angesichts der komplizierten Überlieferungslage letztlich nicht *Re-Konstruktion*, sondern nur noch *Konstruktion*? Einzuräumen ist gewiss, „daß ein an den Evangelien orientiertes Jesusbild nicht mit der wirklichen Person, die im 1. Jahrhundert in Galiläa gewirkt hat, gleichzusetzen ist".[14] Muss man sich aber deshalb damit begnügen, „die vorhandenen Quellen als Wirkungen derjenigen Ereignisse, auf die sie sich beziehen, verständlich zu machen"[15]?[16] Ist dann nicht doch der Schritt J. Ratzingers am konsequentesten, zu postulieren, in den Evangelien trete uns der „wirkliche" Jesus entgegen? (143, vgl. schon 20)

Vor allem letztere Konsequenz ist schon allein deshalb fraglich, weil sie die *Diversität* der Jesusdeutung in den Evangelien nicht zur Kenntnis nehmen kann. Sie ist darüber hinaus fraglich, weil sie dem *Deutungsprozess* der Jesusbewegung keinen Raum geben *kann*. Wenn die historische Frage „vom inneren Wesen der Theologie und des Glaubens her" (14) von sachlicher Bedeutung ist, bleibt die Rückfrage nach Jesus und seiner Welt unerlässlich, bleibt unverzichtbar, dass die historische Fragestellung methodisch den Versuch macht, sich in Leben und Denkkategorien der in der Evangelienüberlieferung erzählten Welt und in ihren dynamischen Prozess hineinzuversetzen und sie so *von innen her* zu verstehen. Die historische Methode bleibt deshalb ganz und gar nicht im Äußeren stehen. Nur so werden die

Kontinuität zwischen Jesus und Jesusrezeption, aber auch die Diastasen und produktiven Deutungen der Jesusgestalt in ihren Konturen deutlich. Natürlich kann dieser Zugriff nicht den Anspruch erheben, vergangene Wirklichkeit „wiederherzustellen", diese gleichsam wie einen antiken Tempel nach dessen Bauplänen zu restaurieren, weil dieses Sich-Hineinversetzen eben nur über die Wirklichkeits*erschließung* einer nicht unmittelbar greifbaren Welt möglich ist.

Dieser Abstand ist ja geradezu notwendig, um der „vergangenen" geschichtlichen Epoche ihre eigene Bedeutung zu lassen. Die letztlich nicht ganz aufzuhellende historische Wirklichkeit ist aber im Blick auf die Frage nach Jesus auch *theologisch* notwendig, denn nur so bleibt die Gestalt des Nazareners ein *Gegenüber*, das sich dem Zugriff entzieht, dessen auch die Rückfrage nicht habhaft werden kann, auch nicht die Tradition. Nur so bleibt die Rückfrage nach Jesus noch eine *Frage*. [17]

Die in dieser Selbstbeschränkung vorgenommene Rückfrage, die zwar darauf verzichtet, Jesus zu „rekonstruieren", wie er „wirklich" war, die aber doch beständig den Traditionsprozess der Jesusüberlieferung zurückzuverfolgen versucht und sich des „wirklichen" Jesus dabei nie „sicher" sein kann, wird auf die Unterscheidung von historischer Überlieferung und deutender Jesus*rezeption* grundsätzlich nicht verzichten können. Zugespitzt lässt sich sogar sagen, dass erst die Deutung seine ganze „Wirklichkeit" ausmacht; aber diese hat ihr leitendes Kriterium in der historischen Gestalt und seiner Verkündigung selbst.

300 Jahre historische Jesusforschung – seit Reimarus ist sie nicht mehr wegzudenken – haben freilich auch Ergebnisse erbracht, die in Erinnerung gerufen werden wollen, welche weitgehend konsensfähig sind und die erweisen, dass die historische Methodik keineswegs ein Trümmerfeld hinterlassen hat. Sie seien hier in Kurzform skizziert:

1. Jesus schloss sich der Bußbewegung Johannes des Täufers an, trat aber noch zu Lebzeiten des Täufers mit einem eigenen Anspruch auf und konstituierte einen eigenen Jüngerkreis.

2. Wahrscheinlich initiiert durch eine hinter Lk 10,18 stehende Berufungsvision[18] stellte er die Botschaft vom Reich Gottes in den Mittelpunkt seiner Predigt. Dabei weiß er sich in seiner Verkündigung im Auftrag Jahwes, den Beginn des Heilshandelns Gottes auf Erden zur Aufrichtung seiner Herrschaft zu vollziehen. Er erhebt den Anspruch, exklusiv für die Herrschaft Gottes auf Erden zu stehen, diese einzuleiten und die Teilhabe an ihr folgerichtig an die Bejahung seiner Person und seiner Botschaft zu binden.

3. In seiner Gleichnisverkündigung vermittelt er ein Bild vom bedingungslos gütigen Gott, der seine Maßstäbe zur Forderung an die menschliche Praxis erhebt. In seinen Dämonenaustreibungen und Heilungen vertritt Jesus einen Gott, der dem Menschen seine verlorene Freiheit zurückgibt.

4. Zum Zeichen der Intensivierung der Erneuerung des Zwölfstämmevolkes beruft Jesus seinen engeren Zwölferkreis in die engere Nachfolgeschaft.

5. Nach seiner Wirksamkeit in Galiläa zieht Jesus nach Jerusalem, um seinen Anspruch auch in der Heiligen Stadt, wo das zeitgenössische Judentum die Gottesherrschaft erwartet, in Geltung zu setzen.

6. Nach Konflikten mit innerjüdischen Gruppierungen um Reinheitsfragen und die Auslegung der Tora bzw. um die Kompetenz einer Definition dessen, was Tora ist, weicht Jesus der Konfrontation mit der Jerusalemer Tempelhierarchie nicht aus und stellt sich über den Heilsanspruch der traditionellen Tempeltheologie in seinem so genannten „Tempelwort"[19], das die sadduzäische Hohepriesterschaft zutiefst herausfordert. Das führt letztlich zum tödlichen Konflikt: Die Jerusalemer Hohepriesterschaft überstellt Jesus nach

eigenem Verhör der römischen Instanz, von der er als politischer Unruhestifter zum Tode verurteilt wird.

7. Vor seiner Festnahme bekräftigt Jesus in seinem Abschiedsmahl mit den Jüngern seinen Anspruch auf die Gültigkeit seiner Gottesreichbotschaft, seine göttliche Legitimation und seine Überzeugung, Gott werde trotz seines gewaltsamen Todes seine Herrschaft durchsetzen (Mk 14,25).

8. Jesus wird von den Römern mit der Kreuzesstrafe belegt, im Zusammenhang des Paschafestes des Jahres 30 in Jerusalem hingerichtet und von seinem Nachfolgekreis regelrecht bestattet.

9. Bald nach seinem gewaltsamen Tod artikulieren die am Karfreitag aus Furcht aus Jerusalem geflohenen und in die galiläische Heimat zurückgekehrten ehemaligen Nachfolger Jesu die glaubende Überzeugung im Bekenntnis, Gott habe Jesus nicht im Tod gelassen, sondern ihn auferweckt und in gottgleiche Machtstellung versetzt.[20] Damit wurde Jesus in einem „Sein" geglaubt, das über das vorösterliche qualitativ hinausging.

Neben diesen konsensfähigen Rudimenten der als historisch vorauszusetzenden Jesusgeschichte sind in der gegenwärtigen Jesusforschung freilich noch wichtige Fragen offen: so sind unter anderem das scheinbar unverbundene „Nebeneinander" von weisheitlicher Mahnung und endzeitlicher Erwartung des Einbruches des Gottesreiches, Selbstaussagen Jesu in titularen „christologischen" Aussagen wie „Sohn Gottes" oder „Menschensohn" sowie – im Blick auf das Selbstverständnis Jesu – nach wie vor die Frage der Todeserwartung und damit des Todesverständnisses Jesu selbst umstritten.[21]

Gleichwohl: Das angeführte „Gerüst" einigermaßen konsensfähiger historischer Jesustradition, das nicht unbedingt gleichzusetzen ist mit dem „historischen Jesus", sondern hinter der Überlieferung auffindbare Spuren offen legt, erfordert die theologische Reflexion und Deutung. Jesu Geschichte will *begriffen* werden, sie ist nicht einfach „klar", schon gar nicht sein Todesgeschick. Bereits die vorevangelische Jesusüberlieferung ging konsequent diesen Weg der Jesus*deutung*, indem sie ihre Jesusreflexion in die Erzählungen vom irdischen Jesus hineinverlegte. Dieser Deutungsprozess hat demnach keineswegs „die Geschichte hinter sich gelassen"[22], sondern ist integraler Bestandteil der Rückfrage.

Das führt zweifellos zu einer differenzierten und pluralen Jesusrezeption in den Evangelien. Dieser Prozess ist in seinen verzweigten Linien durchaus noch nachzuverfolgen; denn anhand des Matthäus- und Lukasevangeliums lässt sich zeigen, dass die beiden etwa zeitgleichen Autoren mit annähernd den gleichen (schriftlichen) Traditionen unterschiedlich umgegangen sind. Beiden Evangelisten waren literarisch das Mk-Evangelium und die Spruchquelle Q zugänglich. Beide Autoren konnten darüber hinaus auf jeweils eigene Traditionen zurückgreifen, ohne freilich miteinander irgendwie in Berührung getreten zu sein.[23] Für beide Evangelisten ist zwar das Mk-Evangelium der erzählerische Leitfaden, aber beide sehen sich auch in der Lage, ihrem vorausliegenden Evangelium eine je eigene Akzentuierung zu verleihen. Ähnlich unterschiedlich verfahren sie mit der (ebenfalls wohl schriftlich vorgegebenen) Spruchquelle Q. Wenn zudem die neuere Johannes-Forschung im Recht mit der Annahme ist, dass der Autor (oder Autorenkreis) des Johannesevangeliums die Synoptiker gekannt hat, gewissermaßen mit ihnen „ins Gespräch" getreten ist und so seine ihm zugängliche Jesustradition zu einem neuen Entwurf zusammengeführt hat[24], lässt sich die Diversität der Jesusrezeption nicht verkennen, aber auch in ihrem positiven Potential verstehen. Die Individualität in der jeweiligen Jesusdeutung aber wird in ihrem jeweiligen Profil nur auf dem Hintergrund der kritischen Rückfrage aufweisbar.

2. Fragen, die sich aufdrängen

Damit sind die Anfragen an das Werk J. Ratzingers schon angedeutet: Zweifellos kann sein Entwurf dadurch überzeugen, dass er eine homogene, im besten Sinne „theologische" Jesusdeutung vorlegt, die in der Einheit von Vater und Sohn gründet (162 u.ö.). In diesem Sinne hat das Werk seine Stärken vor allem in der Betrachtung der Bilder des Johannesevangeliums (259–331). Aber das Problem dieser Jesusauslegung – auch J. Ratzinger legt eine Jesus*auslegung* vor – besteht darin, dass diese Sichtweise das *Ergebnis* eines (insbesondere johanneischen) großen Reflexionsprozesses zur methodischen *Voraussetzung* seines Jesusverständnisses macht. Gleichwohl: Das Überzeugende liegt in einem großen Bekenntnis des Theologen J. Ratzinger.

Unverständlich ist freilich sein Verdikt gegen einen konsequent kritisch-historischen Zugang – wenngleich er ihn andererseits für „unverzichtbar" hält (14f.).[25] Fragen sind deshalb grundsätzlich an das Verständnis der historischen Methode zu stellen: Nach ihrem Selbstverständnis muss sie keineswegs „ihrem Wesen nach das Wort in der Vergangenheit belassen", und sie begnügt sich auch nicht damit, dem „damaligen Geschehenszusammenhang" auf den Grund zu gehen (15). Hat hier der Theologe J. Ratzinger das große Potential, das die historische Rückfrage und der Aufweis des Traditionsprozesses der Jesusüberlieferung trotz aller unüberwindlichen Grenzen haben, nicht doch unterschätzt?

Der Autor wird einen zweiten Band seines Jesusbekenntnisses folgen lassen, und vielleicht wird dieses opus, dessen baldige Vollendung man nur wünschen kann, noch manche Klärung erbringen. Eine „neue Runde" in der kritischen

Beschäftigung mit Jesus von Nazaret und seinem Erbe ist jedenfals eingeläutet.

Anmerkungen

[1] In dieser Hinsicht bedeutet die Erklärung der päpstlichen Bibelkommission „Die Interpretation der Bibel in der Kirche", Bonn 1994, einen Meilenstein im katholischen Bibelverständnis.

[2] Genannt seinen hier nur für die neutestamentliche Exegese: Rudolf Schnackenburg, Heinz Schürmann, Anton Vögtle, Karl-Herrmann Schelkle, Otto Kuss, Josef Schmid, Heinrich Zimmermann, Franz Mußner.

[3] In: K. Rahner, *Schriften zur Theologie V*, Einsiedeln 1962, 222–245.

[4] Das betont J. Ratzinger selbst: „Da gilt zunächst, dass die historische Methode – gerade vom inneren Wesen der Theologie und des Glaubens her – eine unverzichtbare Dimension der exegetischen Arbeit ist und bleibt. Denn für den biblischen Glauben ist es wesentlich, dass er sich auf wirklich historisches Geschehen bezieht" (14). Beizupflichten ist sicher dem Postulat des „Dass" des Historischen im Leben Jesu; es muss (und kann) aber nicht notwendig „alles" in den Evangelien Erzählte historisch sein.

[5] Über die Problematik, dass sich der Papst unmittelbar in die theologische Diskussion einschaltet, ist publizistisch und in der theologischen Diskussion kontrovers diskutiert worden. Ich halte das persönlich für einen neuen und weiterführenden Aspekt im Amtsverständnis eines Papstes. Der ausdrückliche Hinweis des Autors im Vorwort seines Buches, sein Werk sei keine lehramtliche Äußerung, sondern offen für eine breite Diskussion, zeugt von großer Weitsicht. Freilich: Auch wenn dieses Buch „Joseph Ratzinger" verfasst hat – vermutlich ist der größte Teil noch vor der Wahl in das höchste Amt der Katholischen Kirche entstanden –, ist zumindest in der Wirkung die Autorschaft des Papstes nicht zu übersehen. Vgl. die Rezension des protestantischen Kollegen M. Wolter, in: Rheinischer Merkur 62/Nr. 21, 8. Es sei mir auch angesichts der klärenden Worte zum Charakter seines Werkes gestattet, hinter dem gewichtigen opus den Theologen „Joseph Ratzinger" zu sehen.

[6] A. Vögtle, *Historisch-objektivierende und existentiale Interpretation*, unverändert wiederveröffentlicht in: ders., *Das Evangelium und die Evangelien* (KBANT), Düsseldorf 1971, 9-15.

[7] Interpretation (vorige Anm.), 10f.

[8] Interpretation (Anm. 6), 11.

[9] R. Bultmann, *Neues Testament und Mythologie*, in: H.W. Bartsch (Hrsg.), *Kerygma und Mythos* I, Tübingen 1948, 47.

[10] *Interpretation* (Anm. 6), 12.

[11] Ebd. Vögtle hält das Bultmann entgegen, aber diese Forderung gilt, wenn sie denn begründet ist, generell.

[12] Wie sehr selbst die Ergebnisse der Archäologie Objekte einer Deutung sind, hat die Qumran-Forschung erkennen lassen. Vgl. M. Küchler – K.M. Schmidt (Hg.), *Texte – Fakten - Artefakte. Beiträge zur Bedeutung der Archäologie für die neutestamentliche Forschung* (NTOA 59), Fribourg/Göttingen 2006.

[13] G. Häfner, *Das Ende der Kriterien? Jesusforschung angesichts der geschichtstheoretischen Diskussion*, in: K. Backhaus –G. Häfner, *Historiographie und fiktionales Erzählen. Zur Konstruktivität in Geschichtstheorie und Exegese* (BThS 86), Neukirchen-Vluyn 2007, 97–130: 97.

[14] J. Schröter, Von der Historizität der Evangelien, in: Ders. – R. Brucker, *Der historische Jesus. Tendenzen und Perspektiven der gegenwärtigen Forschung* (BZNW 114), Berlin-New York 2002, 163–212: 167.

[15] Schröter, ebd.

[16] Die Diskussion hierüber kann an dieser Stelle nicht geführt werden; vgl. den sorgfältigen, in Anm. 13 genannten Beitrag von G. Häfner.

[17] Vgl. E. Käsemann, *Der Ruf der Freiheit*, Tübingen [4]1968: „Kennen wir Jesus? Das ist keine rhetorische Frage, die jeweils sofort eine befriedigende Antwort findet. Das ist die geheime Unruhe, welche die Kirchengeschichte in Atem hält, und ein unabgeschlossener, die Generationen überdauernder Prozeß."

[18] Vgl. U.B. Müller, *Vision und Botschaft*, in: ZThK 74 (1977), 416–448; H. Merklein, *Die Botschaft Jesu von der Gottesherrschaft* (SBS 111), Stuttgart [3]1989, 60–62; R. Hoppe, *Jesus. Von der Krippe an den Galgen*, Stuttgart 1996, 41–44.

[19] Im Kern geht es Jesus um die Frage, ob die Tempelinstitution die legitime Anwartschaft auf die Gottesherrschaft vertritt oder er selbst.

[20] Hier liegt denn auch der Grund für die ungeheure Dynamik des christologischen Reflexionsprozesses. Deshalb ist die Frage Ratzingers „Wo sollte eigentlich der nachösterliche Glaube hergekommen sein, wenn der Jesus vor Ostern keine Grundlage dazu bot?" (350) in aller Kürze zu beantworten: Von der österlichen Inspiration. Nicht anders ist die Dynamik der frühen christologischen Reflexionen wie der des in der antiochenischen Gemeinde gebildeten Philipperhymnus (Phil 2,6–11) zu verstehen (vgl. auch Jesus 21).

[21] Vgl. G. Häfner – H. Schmid, *Wie heute vom Tod Jesu sprechen? Neutestamentliche, systematisch-theologische und liturgiewissenschaftliche Perspektiven*, Freiburg i.Br. 2002.

[22] So die Kritik J. Ratzingers an Ingo Broer, der in seiner Einleitung in das NT (Würzburg [2]2006, 197) das Johannesevangelium als „literarisches Werk" versteht, welches nicht als „historischer Bericht" zu verstehen sei, sondern als Zeugnis des Glaubens (vgl. Jesus 270). Damit wird keinesfalls das Historische fallengelassen und der Gnostisierung der Boden bereitet (vgl. aber Jesus 271).

[23] Dieses Grundmodell der Zweiquellentheorie hat sich in 200jähriger Quellenforschung so weit stabilisiert, dass es als gesichert vorausgesetzt werden kann. Zwar lässt sich der Wortlaut der Logienquelle nicht in allen Einzelheiten sichern, aber der zwischen Lk und Mt annähernd gleiche Wortbestand ist doch so groß, dass von einer in etwa gemeinsamen (schriftlichen) Quelle ausgegangen werden kann. Vgl. die Textrekonstruktion von P. Hoffmann – C. Heil, *Die Spruchquelle Q. Studienausgabe Griechisch und Deutsch*, Darmstadt-Leuven 2002.

[24] Vgl. U. Busse, *Das Johannesevangelium, Bildlichkeit, Diskurs und Ritual* (BEThL CLXII), Leuven 2002; H. Thyen, *Das Johannesevangelium* (HNT 6), Tübingen 2005.

[25] Vgl. aber die Auslegung der zweiten Versuchung 64f. Einerseits ist die historische Methode im theologischen Interesse und zur Fundierung des Glaubens unverzichtbar, andererseits soll sie aber in eine „kanonische" Exegese übergeführt und damit vom historischen Zugriff absorbiert werden (vgl. 17–19). „Kanonische" Exegese kann indes immer nur am Schluss des Auslegungsprozesses stehen.

„Jede Kontroverse um des Himmels willen trägt bleibende Früchte" (Pirke Avot 5,19)

von Rainer Kampling

Persönliche Vorbemerkung

Sechs Päpste begleiteten mein Leben als Katholik. Ob ich mich an Pius XII. wirklich erinnere oder nur das Bild als Wirklichkeit nehme, das in meinem Elternhaus hing – der Papst segnet die Welt vor aufreißenden Wolken, die es der Sonne ermöglichen, ihn in ein glänzendes Licht zu tauchen, kann ich nicht sagen. Aber ohne jeden Zweifel stehen mir die nachfolgenden Bischöfe von Rom lebendig vor Augen. Vieles ist seit den Tagen des seligen Johannes geschehen. Die mediale Welt hat auch vor den Mauern des Vatikans nicht Halt gemacht. Doch selbst dann, wenn es, um die Worte jener Welt zu gebrauchen, einen „Papst zum Anfassen" gab, war er doch *der* Papst, das Oberhaupt der römisch-katholischen Kirche.

Blicke ich etwa auf den Schwerpunkt meiner eigenen wissenschaftlichen Arbeit, die biblische Grundlegung des Gespräches zwischen dem Volk der Erwählung und der Kirche Jesu Christi, so wäre es töricht, wüsste ich nicht darum, dass das Anliegen dieser Arbeit – ob nun explizit oder implizit – im immerwährenden Gespräch mit der Israeltheologie Johannes Paul II., seligen Angedenkens, steht.

Ich gestehe, dass mich persönlich die Ankündigung, Benedikt XVI. werde ein Buch über Jesus veröffentlichen, irritiert hat. Dabei geht es nicht darum, dass, wie Vatikanologen insbesondere us-amerikanischer Provenienz prophezeien, dieses Buch gleichsam eine Fingerübung, was schon an sich ein Kuriosum wäre, für eine lehramtliche Äußerung sein könne, sondern um die Frage, mag sie auch mehr emotional als rational sein und mit Sicherheit nicht kanonisch, wie der Vicarius Christi und Nachfolger Petri als Privatmann, als Gleicher unter Gleichen ein Buch von zentraler theologischer Bedeutung verfassen kann, ohne dass es den Anspruch des Lehramtes, welcher im Buch selber ja ausdrücklich verneint wird, entbirgt und an ihm teilhat.

Oder um es in der Sprache der Exegese zu formulieren: Das Problem des Buches, näherhin seines Erscheinens, liegt nicht in der Textproduktion, sondern in der Rezeption. Wenn ich es recht verstehe, wird man diesem Buch nur dann gerecht, wenn man es als das nimmt, was es sein will und ist: nicht als end-gültige Antwort, sondern als ein Buch auf der Suche nach dem, ohne den wir nicht wären.

Um dieses Anliegen nicht aus den Augen zu verlieren, wird in den folgenden Reflektionen – mehr wollen sie nicht sein – auch aus Gründen der notwendigen Distanzierung, statt einen der beiden Namen des Verfassers zu benützen, die nüchterne Bezeichnung „der Autor" gebraucht, wohlwissend, dass dies letztlich wegen der *reverentia Petri* geschieht, aber anders weiß ich mir nicht über den Graben zu helfen. Der Umstand, dass es ein großes Buch ist, macht mir den Sprung nicht leichter.

„Der Gerechte schlage mich freundlich" (Ps 141,5) – Nachfragen

Mit dem Eingeständnis der irritierten Verwunderung die Annäherungen an dieses Buch zu beginnen, das bezeugt, wie Lebensgeschichte zur Theologiegeschichte werden kann, in dem die lebenslange Anheimgabe an die Theologie und ihre vielfachen Zeugnisse von Anfang an in jeder Zeile spürbar sind, mag man vorderhand der Neigung des Exegeten zur Kritik zurechnen. Dass kann sogar zutreffen, da das Rezeptionsverhalten sicherlich davon bestimmt ist, wie sich *umgehend* im ersten Fall zeigt.

Zu Beginn des Buches in der fünften Zeile werden vom Autor „eine Reihe begeisternder Jesus-Bücher" gleichsam als Jugenderinnerung erwähnt. Liest man jedoch die Namen ihrer Verfasser, so kann man sich daran erinnern, wenn man die Bücher noch kennt, dass sie alle mehr oder weniger an einem strukturellen theologischen Antijudaismus partizipierten und zwei von ihnen, Karl Adam und Giovanni Papini, mit einiger Berechtigung als Antisemiten bezeichnet werden können. Dabei löst nicht die Nennung dieser Bücher Nachfragen aus, sondern der Umstand, dass nicht erwähnt wird, dass ihre Intentionen und Darstellungen, soweit sie Juden und Judentum betreffen, mit denen des vorliegenden Buches unvereinbar sind.

Denn der Autor dieses Jesus-Buches sucht konsequent, Jesus von Nazareth als Juden zu verstehen und so die Evangelien zu lesen. Er überwindet damit die basal negative Sicht des Judentums der von ihm genannten Bücher.

Man kann sich leicht vorstellen, was etwa ein Autor wie Karl Adam, der aus dem Dogma der Immaculata conceptio herauszulesen sich erdreistete, dass Jesus kein „Juden-Stämmling" sei, zum vorliegenden Buch sagen würde, das so erst nach der Befreiung der Theologie aus der babylonischen Gefangenschaft des Antijudaismus möglich wurde. Dass zu dieser Befreiung die historisch-kritischen Exegeten wirkmächtig beigetragen haben, sei erlaubt anzumerken und zu belegen: „Die Seligpreisungen werden nicht selten als das neutestamentliche Gegenüber zum Dekalog, sozusagen als die höhere Ethik der Christen gegenüber den alttestamentlichen Geboten hingestellt. Mit einer solchen Auffassung verkennt man den Sinn dieser Worte Jesu vollständig" (100).

Das vorliegende Jesus-Buch legt Zeugnis ab von dem theologischen Paradigmenwechsel, der in der Jesus-Forschung, in der Theologie und dem Lehramt seit *Nostra aetate 4* stattgehabt hat. Wenn die biographische Erinnerung an jene Bücher positiv sein mag, so spricht das Buch selber ihnen in seiner ganzen Anlage als Würdigung Israels, des Volkes der Erwählung, ihr Urteil.

Deutlich wird dies etwa bei der Auslegung des Gleichnisses von den beiden Söhnen. Der Autor weiß selbstredend um das ethnische Auslegungsmodell der kirchlichen Schriftsteller der Spätantike, das im älteren Bruder das Volk der Juden erkannte. Zwar will der Autor diesen Typus nicht völlig abtun, insbesondere wegen der Wendung „Du bist allezeit bei mir", aber er verwirft die polemische, antijüdische Auslegung, wie wir sie heftigst bei Hieronymus und Ambrosius, gemäßigter bei Augustinus finden.

Vielleicht ist es also trotz der Erinnerung des Autors in seinem Sinne, dass diese Bücher nicht mehr auf den Literaturlisten biblischer Proseminare stehen, sondern zu Quellen der Erforschung des Antijudaismus geworden sind.

Auch bei der zweiten Nachfrage ist untrüglich die persönliche Wahrnehmung am Werk. Am Ende seines Vorworts bittet der Autor „um jenen Vorschuss an Sympathie, ohne den es kein Verstehen gibt". Jetzt darf man emphatisch sagen: Sicher, wer wollte das verwehren. Nach der Lektüre des Buches mag man sich freilich fragen, ob diese Sympathie wohl auch anderen beständig entgegengebracht wird.

Ungeschadet der Hochachtung, die der Autor vor der historisch-kritischen Exegese und ihren Vertretern äußert, fehlt es nicht an Kritik, die entschieden harsch zu nennen ist, insbesondere wenn man an den schweren Stand denkt, den katholische Exegeten bis in die sechziger Jahre hinein hatten. Selbst wenn man die monokausale Schuldzuweisung für die Verunsicherung der Gläubigen an die Exegeten zunächst beiseite lässt, so bleibt doch noch genug, was an seiner Schärfe verwundert.

Bereits im Januar 1988 hatte der Autor in New York auf Wladimir Solowjews *Antichrist* hingewiesen, und dies zum Anlass genommen, vor den vermeintlich negativen Auswirkungen der wissenschaftlichen Exegese zu warnen und diese metaphorisch als Instrument des Antichrist zu brandmarken. Dies wiederholt er nun und formuliert: „Aus scheinbaren Ergebnissen der wissenschaftlichen Exegese sind die schlimmsten Bücher der Zerstörung der Gestalt Jesu, der Demontage des Glaubens geflochten worden." (64) Dass hier keine Namen genannt werden, eröffnet der Imagination Tür und Tor. Bereits jetzt bekommt man in Rezensionen einen Vorgeschmack davon, was diese Philippika bedeuten kann, nämlich die willkürliche Nennung durchaus verdienter Exegeten.

Eigentlich sollte seit den Tagen der Reformation deutlich geworden sein, dass die gegenseitige Beschuldigung, das Werk des Antichristen zu tun, obsolet geworden ist.

Übrigens verzichtete der Autor sowohl in seinem New Yorker Vortrag wie auch in diesem Buch auf den Hinweis, dass sich der Antichrist bei Solowjew des Papstamtes bedient, um seine Interessen durchzusetzen.

Gewiss mag man schmunzeln, wenn man die Meinung liest, die Rekonstruktionen des historischen Jesus seien „weit mehr Fotografien [Nebenbemerkung: in der englischen Fassung steht obendrein *snapshots*] der Autoren und ihrer Ideale" (21), da man sich unwillkürlich ein Bild macht, was bei den Idealen allerdings schon weniger gelingen will. Aber ob ein Autor, der ohne jeden Anhalt am Text etwa behauptet: „Barabbas war eine messianische Figur." (69), wohl beraten ist, mit so beißendem Spott über Thesen von nicht genannten Exegeten zu urteilen: „Wie gelehrt auch diese Auffassung dargeboten werden mag, so ist sie doch viel eher dem Genuss des Jesus-Romans als wirklicher Auslegung der Texte zuzurechnen.", ist wohl anzufragen.

Fast möchte man das Wort von Karl Rahner „Hab Geduld mit dem Exegeten!" umwandeln in „Hab Achtung vor dem Exegeten!", und hoffen, dass der Streit zwischen Hieronymus, dem Exegeten, und Augustinus, dem Systematiker, endlich einem milden Ermüdungsfrieden weicht.

„Dann wirst du sicher wandeln auf deinem Wege..." (Spr 3,23) – Zur Frage der Methode

Das Wort von der „wirkliche(n) Auslegung der Texte" kann als Subtext des ganzen Buches gelesen werden, wobei damit auch theologische, christologische oder eben auch kanonische Lektüre gemeint sein kann. Dabei geht der Autor von Prämissen aus, die Dei Verbum 12 folgendermaßen definiert: „Da die Heilige Schrift in dem Geist gelesen und ausgelegt werden muß, in dem sie geschrieben wurde, erfordert die rechte Ermittlung des Sinnes der heiligen Texte, daß man mit nicht geringerer Sorgfalt auf den Inhalt und die Einheit der ganzen Schrift achtet, unter Berücksichtigung der lebendigen Überlieferung der Gesamtkirche und der Analogie des Glaubens."

Dieser Worte eingedenk, kann man das Buch des Autors als einen Versuch deuten, die Schriftlehre von Dei Verbum in Narratio lebendig werden zu lassen. Der Rezeptionsstandpunkt, um es wieder einmal sehr technisch zu sagen, entscheidet im Letzten über die „wirkliche(n) Auslegung" der Texte. Sie kann nur dann erfolgen, wenn der Glaube, aus dem sie geschrieben sind und den sie bezeugen, angenommen und geteilt wird. Die Auslegung ist demnach selbst ein Akt des Glaubens, indem er ihr Anfang und Ziel ist. Der Akt des Glaubens ereignet sich als ein Verstehensgeschehen, als eine Verschmelzung von Himmeln und Welt.

Freilich ist damit auch ein Zaun um die Schrift gemacht: Denn jede nicht im Glauben statthabende Interpretation und

Rezeption bleiben demnach hinter dem Anspruch und der Bedeutung der Bibel in beiden Teilen als Heiliger Schrift unvermeidlich zurück. Gleichwohl ist nicht zu übersehen, dass beiden Teilen der Bibel eine große literarische Kraft innewohnt, deren Tiefe und Schönheit immer wieder zum Weitererzählen angeregt haben und es wohl immer weiter tun werden. Indirekt sind auch diese literarischen Auseinandersetzungen, um von denen in Musik, bildender Kunst und Film zu schweigen, auf ihre Art Zeugnisse von der Dynamik des Wortes Gottes, das auch in der Welt seinen Ort gefunden hat. Die Bibel ist das Palimpsest, auf das die Texte des westlichen Denkens geschrieben sind. Die Zeugnisse sind gewiss vielmals nicht-theologische Interpretationen, aber auch hier wird man die Spreu vom Weizen trennen müssen, um nicht den Zaun ganz undurchlässig zu machen. Um des Gesprächs und der Hoffnung wegen sollte man nach einer Sprache suchen, die nicht sogleich abwehrend ist.

Der Autor beruft sich als methodischen Ansatz auf die Kanonische Exegese (18). Nun ist hier nicht der Ort zu diskutieren, ob sie aller Probleme Lösung ist. Aber so wie der Autor sie in seinem Buch ausführt, wird man daran erinnern, dass die geistliche Schriftlesung älter ist als dreißig Jahre. Denn das Verweben von Textinterpretation, Aktualisierung, Meditation, homiletischen Passagen und Belehrung unter Berücksichtigung der gesamten Schrift ist seit Anbeginn der Schriftauslegung bekannt. Deren Meister sind in dem Buch ständig, seien sie genannt oder ungenannt, präsent. In Zeiten, in denen manches in der Theologie, und nicht nur in der Exegese, als neu ausgegeben wird, was schon den Wüstenvätern bekannt war, ist es wohltuend inne zu werden, wie groß und tief der Fluss des Nachsinnens über die Schrift ist. Das Maß der Vertrautheit mit den Werken der Väter kann man etwa beim Gleichnis von den beiden Söhnen spüren, da dessen Nacherzählung (243) wohl an der bußtheologischen Auslegung der Väter, zum Beipiel Ambrosius, denen das Bekenntnis *vor* der Versöhnung wichtig war, orientiert ist.

Nun begibt sich aber auch die geistliche Schriftlesung, da, wo sie zu historischen Urteilen kommen will, in den Diskurs über das Mögliche und Stattgehabte in den Läufen der Zeit. Die Fragestellung ist näherhin so zu bestimmen, dass die Kriterien, nach denen eine historische Auslassung im Kontext meditativer Schriftauslegung zustimmend übernommen wird, nicht offensichtlich gemacht werden (können) und die Bedeutung, die jene Aussagen für den theologischen Ertrag haben, verschattet ist.

Diese Beobachtung gilt selbst für den Dialog, den der Autor er mit Jacob Neusner führt. Letzterer hat in seinen fast 1000 Monographien eine eigene keineswegs unumstrittene Konstruktion dessen, was Judentum und jüdische Religion sind, entworfen. Seine Interpretation des matthäischen Jesus und seiner Worte ist zweifelsohne von seinem Vor-Verständnis bestimmt. Er gewahrt, wenn man seine Sicht versuchen will kurz zusammenzufassen, von Anfang an kaum eine Gemeinsamkeit zwischen Juden und Christen, sondern spricht von „The Myth of a Common Tradition". Sein Diktum „different people talking about different things to different people" ist schon klassisch zu nennen. Übernähme man seine gesamten historischen Rekonstruktionen, so würde man Jesus letztlich aus dem Judentum seiner Zeit entwurzeln. Hermeneutisch ergäben sich damit, gerade in Hinblick auf die Gesamtintention des Buches, unwägbare theologische Schwierigkeiten. Nun kann die Rezeption historiographischer Positionen nicht vorgeschrieben werden, aber ihre möglichen Konsequenzen können benannt werden.

Wer die Klassiker der geistlichen Schriftlesung kennt, wird immer wieder erstaunt sein über die Fähigkeit ihrer Verfasser, den eigenen Dialog mit der Schrift zu einem Dialog der Schrift mit sich selbst werden zu lassen. Voller Bewunderung kann man wahrnehmen, wie anscheinend disparateste Motive miteinander verflochten werden, wie ein Vers den anderen auslegt. Bisweilen aber fragt man doch, welches System, welche Methode und Intention dem innewohnen. Dass sich diese Frage auch bei der Lektüre des Buches einstellt, soll nicht verschwiegen werden. Beispielhaft und in der gebotenen Kürze kann auf die christologische Auslegung von Dtn 18 verwiesen werden (26–32).

Die theologisch-christologische Indienstnahme gelingt hier über die Entsprechung von Sehen und Verheißung. Rein methodisch gesehen, liegt eine allegorisch-typologische Auslegung vor, die in sich geschlossen ist. Deshalb sind die Nachfragen zwar notwendigerweise von Außen an diese Deutung herangetragen, sind aber dennoch auch im Rahmen der allegorisch-typologischen Auslegung möglich. Ausnehmend mit Blick auf den Anspruch der kanonischen Exegese stellt sich nämlich die Frage, aus welchen Gründen die Gottesschau des Propheten Jesaja oder das Innewerden des Kabod des Herrn durch Ezechiel nicht erwähnt werden. Denn hier ist der erste Teil der Heiligen Schrift im Dialog mit sich selbst, der wohl Beachtung verdiente. Ob nun Dtn 18 überhaupt in Entsprechung zu Jesus gesetzt werden kann, „weil Jesus selbst Gott – der Sohn – ist" (92), er als inkarnierter Logos im Letzten jeglicher Entsprechung entgeht, wäre eigens zu erwägen. Unschwer ist zu erkennen, dass das Buch immer wieder zur Relecture einlädt, und zwar nicht nur seiner selbst, sondern der ganzen Heiligen Schrift.

„Schon lange werdet ihr denken, dass wir uns vor euch verteidigen" (2Kor 12,19) – Versuch einer kleinen Apologie

Die Schuldzuweisung alleinig an die historisch–kritische Methode für das konstatierte Zersplittern des Jesus-Bildes ist angesichts der Marginalisierung der Exegese gerade in der römisch-katholischen Kirche überraschend zu nennen. Der Einfluss und die Wirksamkeit, die ihr unterstellt werden, entsprechen wohl kaum der historischen Wirklichkeit. Wenn die exegetische Literatur so viele Leser hätte, wie hier vorausgesetzt, wäre es um manches besser gestellt, sicher jedenfalls um die Kritikfähigkeit gegenüber manchen Spekulationen, die in der medialen Öffentlichkeit immer wieder aufgetischt werden und deren einziger Maßstab die Konsumierbarkeit mit einhergehender tumber Lächerlichkeit ist.

Es bleibt doch zu erwägen, ob die Frage nach der Ursache und die Antwort darauf nicht dramatischer sind. Ist die Ikone nicht eher deswegen undeutlich geworden (11), weil die Anhäufung menschlichen Leids, der Staub unzähliger Gräber und die Asche vieler, deren Grab unsere Erinnerung ist, den Blick auf das Heil Gottes verwehren konnte? Ist nicht auch ihre Verschattung „erschütternder Ausdruck der im Gottesdunkel verknechteten Schöpfung" (56)?

Es geht im Tiefsten nicht um die Frage von Methoden, sondern um die menschliche Not, die so groß ist, dass sie die Augen nicht zu Gott erheben lässt.

Dessen ungeachtet, ist weiterhin zu fragen, ob es diese Form der historisch–kritischen Exegese noch gibt, die der Autor beschreibt. Adolf von Harnack und Rudolf Bultmann können doch nicht der Maßstab der Beurteilung gegenwärtiger Exegese sein.

Statt der Wolke von Zeugen sei nur Heinz Schürmann mit seinem schönen und wahren Satz zitiert: „Auf die Frage: Sind Sie Exeget oder Theologe? Möchte man zurückfragen dürfen: Sind Sie Pianist oder Musiker?" Christliche Exegeten sind nun einmal Menschen, die der Kirche glauben – eine Exegese außerhalb der Kirche gibt es nicht; sie wäre nicht einmal in der Gräzistik zu legitimieren –, dass der Anfang von unumstößlicher grundlegender Bedeutung ist. Sie sprechen von diesem Anfang in die Je-Jetztzeit hinein, da sie an seine gegebene Dynamik glauben. Manche vertrauen darauf, dass diese Erinnerung an den Anfang wegen eben dieses ihm eigenen Vermögens wirksam wird. Sie sehen sich als Sachwalter der Erinnerung und des Eingedenkens. Und manche genügen sich damit.

Man mag das naiv nennen, kann es aber auch Demut heißen, die man wohl lernt, wenn man sich der Schrift anheimgibt. Denn es gehört zur Erfahrung des Exegetisierens, dass bei aller Liebe zum Detail, zur Philologie, zur Archäologie die Schrift als das ganz andere, als das Unverfügbare aufleuchtet, dessen Herr zu werden man nicht verlangt. Die Exegese und die Exegeten sind zweifelsohne verpflichtet, jedermann Rechenschaft über die Hoffnung zu geben, aber ihr eigentlicher Ort ist die Kirche, in der man lernt, die Schrift zu sehen als das, was sie ist: Wort Gottes. Sie würde den Toten bei den Lebendigen suchen, wenn sie nicht in der glaubenden Zuversicht der Wahrheit des Wortes trauen würde. Vielleicht mangelt es manchem Exegeten an der Fähigkeit zum Gesamtentwurf. Nichts störte etwa Karl Barth mehr an der Exegese. Dennoch aber sollte man nicht übersehen, dass die Exegese immer dazu verhilft, verantwortungsvoll von der Schrift zu reden. Und ob die Vielfalt der Exegese nicht auch eine mögliche Antwort auf den und das ist, was die Schrift sagt, bleibt eine aufgegebene Frage, die man nicht zu leicht abtun sollte. Kann es denn wohl einen Exegeten geben, der nicht hofft, dass das Wort des Propheten Jeremia auch an ihm wahr wird: „Ihr werdet mich suchen und finden; denn wenn ihr mich von ganzem Herzen suchen werdet, so will ich mich von euch finden lassen." (Jer 29,13–14).

Auf der Suche nach dem Jesuanischen

von Claus-Peter März

Das „Jesus"-Buch von Joseph Ratzinger/Benedikt XVI erweist sich in der Lektüre als ein durchaus faszinierendes, aber auch zur Diskussion herausforderndes Buch. Die persönliche Prägung und die spirituelle Tiefe der Texte geben ihm den Charakter einer eindringlichen Anrede. Die in der Argumentation aufscheinende Weite des Denkens stellt Vertrautes in ungewohnte Zusammenhänge und lässt so unerwartete neue Konstellationen sichtbar werden. Hinzu kommt eine faszinierende Sprache, die einleuchtend neue Denkwege markiert, scheinbar mühelos Gedankengebäude in Bewegung bringt und bei deutlicher Positionierung in der Sache doch immer wieder auch noch den Gestus des Suchens erkennen lässt.

Trotz dieser klaren Konturen lässt sich das Buch nur schwer einer bestimmten theologischen Gattung zuordnen: Es versteht sich – wie im Vorwort ausdrücklich vermerkt wird – nicht als exegetisch-bibelwissenschaftliche Studie, ist aber doch vom intensiven Gespräch mit den Bibelwissenschaften bestimmt. Von den herkömmlichen Jesusbüchern hebt es sich in der Methode und in der Zielsetzung ab, wenngleich viele Argumente und Ansätze der klassischen Jesusforschung aufgenommen und geprüft werden. Es will nicht einfach persönliches Bekenntnis, sondern eher eine theologische Standortbestimmung sein, scheut aber die Ebene des Persönlichen nicht und liest sich nicht selten wie ein Verweis auf Denk- und Erkenntniswege des Autors. Das Vorwort schließlich verweist auf einen in früheren Veröffentlichungen Joseph Ratzingers immer wieder angesprochenen Hintergrund: die Sorge, dass das Bild bzw. die Gestalt Jesu angesichts vielfacher Versuche, den so genannten „historischen Jesus" zu rekonstruieren, immer mehr an Klarheit und Gewissheit verlieren und im wechselnden Gefälle der wissenschaftlichen Meinungen zu einem im „Ungefähr" angesiedelten Vexierbild werden könnte. Denn die in der Forschung einander ablösenden Rekonstruktionsversuche haben nach Ratzinger viele in den Evangelien aufscheinende Zusammenhänge derart zergliedert, dass sich durch die intensive und methodische Suche nach dem „historischen Jesus" paradoxerweise „die Figur selbst... weiter von uns entfernt" habe (11). Für ihn ist eine „solche Situation dramatisch für den Glauben, weil sein eigentlicher Bezugspunkt unsicher geworden ist." (Ebd.) Deshalb ist er in seinem Buch um einen Perspektivenwechsel bemüht. Zwar bleibe die historisch-kritische Fragestellung unverzichtbar für den Glauben in seiner Geschichtsbezogenheit, sie dürfe aber nicht absolut gesetzt werden, sondern müsse eingebunden bleiben in eine vom Bekenntnis bestimmte Lektüre der Schrift. Dies aber bedeutet methodisch, dass man bei der Rückfrage nach dem Jesus der Geschichte über die in der historisch-kritischen Bibelwissenschaft gezogenen methodischen Linien hinausgehen müsse.

Das Buch greift aus diesem Grunde auf die so genannte „kanonische Exegese" zurück, die den einzelnen Text im Horizont der gesamten Bibel aufnimmt und zur Geltung kommen lässt. Es stellt die Texte in das Licht der Väterexegese und der weitergehenden Auslegungsgeschichte. Das bedeutet methodisch, dass hier der Versuch unternommen wird, „einmal den Jesus der Evangelien als den wirklichen Jesus, als den historischen Jesus im eigentlichen Sinne vorzustellen." (20)

Auch Ratzinger will zurückfragen, um die Gestalt Jesu aus der Bibel aufzunehmen, sein Bezugspunkt aber sind die Evangelien und das in ihnen zur Sprache gebrachte Jesusbild, das, weil es dem Bekenntnis entspricht, nicht nur geschichtliche Bedeutung, sondern auch Gegenwartsbezug habe. Er setzt darauf, dass bei solcher Orientierung auch der Leser wahrnehmen werde, „dass diese Gestalt viel logischer und auch historisch betrachtet viel verständlicher ist als die Rekonstruktionen, mit denen wir in den letzten Jahren konfrontiert wurden." (20f)

Dass solches Bemühen über das hinausgeht, was Praxis der gegenwärtigen Exegese ist, wird ausdrücklich vermerkt, zugleich aber festgestellt, dass es sich nicht gegen die exegetische Arbeit richte, sondern diese voraussetze. Letzteres stellen die Ausführungen durch vielfältige Bezugnahme auf die Arbeit der Bibelwissenschaft durchaus unter Beweis. Dass aber das Buch gleichwohl schon durch seinen Ansatz eine Frage an die Bibelwissenschaft bedeutet, die auch deren Intentionen und Grenzen ansprechen will, liegt auf der Hand.

Die folgenden Überlegungen wollen nicht allen in dem Buch angesprochenen Diskussionsfeldern nachgehen, sondern beschränken sich auf zwei Aspekte, die freilich für die Argumentation fundamentale Bedeutung haben. Einerseits soll die Vorstellung des „Jesus der Evangelien", den das Buch als „den historischen Jesus im eigentlichen Sinne" ins Spiel bringt, mit dem Verweis auf einige Hintergründe kritisch beleuchtet werden, anderseits soll darauf verwiesen werden, dass die Rückfrage nach dem so genannten „historischen Jesus" durchaus aus theologischen Gründen weiterhin vonnöten ist.

1. „Der Jesus der Evangelien"

Einer der maßgeblichen Ansatzpunkte der historisch-kritischen Befragung der Evangelien und ihrer methodischen Ausformung war die Tatsache, dass die Jesusgeschichte ka-

nonisch in vier voneinander abweichenden Versionen vorliegt. Diese zeigen zwar aufs Ganze gesehen weit reichende
Übereinstimmungen und können bisweilen geradezu paral-
lel gelesen werden, sie lassen aber dennoch – und das nicht
nur im unbedeutenden Detail – durchaus auch jeweils eigene Kontur erkennen. Die Evangelisten redigieren, setzen unterschiedliche theologische Akzente, erzählen Schlüsselge-
schehnisse mit voneinander abweichenden Ausrichtungen
und zeichnen ganz selbstverständlich ein je eigen geprägtes
Bild des Weges Jesu. Die Auslegung hat in immer neuem
kritischen Vergleich die theologischen Orientierungen der
vier Evangelien herausgearbeitet und als zwar nicht gegeneinander auszuspielende, aber durchaus eigene Weisen des
Verstehens der Person und des Weges Jesu zum Bewusstsein gebracht. Sie rezipieren zwar weithin verwandtes „Ma-
terial", verweisen auf die gleichen Linien des Wirkens Jesu,
sind aber auf die eigene „Aneignung" und „Erschließung"
des Weges Jesu als Heil und Leben ausgerichtet und deuten
in diesem Sinne die empfangene Tradition. Dies gilt zweifellos bereits für die, aus deren „Händen" sie die Überlieferung empfangen haben – sie setzen insofern lediglich jenen
Prozess der erklärenden und erschließenden Rezeption fort,
geben ihm aber im Rahmen einer Evangelienschrift neues
Gewicht. Dies bedeutet aber, dass dabei durchaus unterschiedliche „Bilder" von Jesus gezeichnet und unterschiedliche Akzente hinsichtlich seines Weges und seiner Verkündigung gesetzt werden – und diese betreffen nicht nur
Marginales. Dies gilt schon für die literarisch miteinander
verbundenen Synoptiker, die zwar in vielen Passagen Parallelen aufweisen, aber dennoch, wie die redaktionsgeschicht-
liche Forschung deutlich gemacht hat, unterschiedliche theologische Entwürfe repräsentieren, die sich in der Auswahl,
in der Anordnung des Materials, in den Akzenten, in der Mo-
dulierung und Kontextualisierung der einzelnen Texte und

Textgruppen geltend machen. Die Forschung hat mit guten Gründen die Zuordnung der einzelnen Evangelienschriften zu unterschiedlich geprägten Gemeinden herausgearbeitet und die theologischen Akzentuierungen auch von daher plausibel machen können (vgl. etwa den judenchristlichen, sich aber auf die Heidenmission öffnenden Hintergrund des Matthäusevangeliums und den vom missionarischen Aufbruch in die damalige hellenistische Welt bestimmten Ansatz des Lukasevangeliums). Noch deutlicher zeigt sich dies beim theologische Entwurf des Johannesevangeliums mit seiner ganz eigenen theologischen Zuspitzung, die ihrerseits stärker auf weisheitliche Denkmuster zurückgreift und so – freilich in Weiterführung früher Ansätze – einen eigen geprägten christologischen Ansatz entwickelt, der sich doch deutlich von den Synoptikern absetzt (vgl. nur die johanneischen „Reden" Jesu). Insofern sich zwischen den Evangelienschriften auch direkte Abhängigkeiten wahrscheinlich machen lassen – Matthäus und Lukas verweisen auf Markus und eine zweite gemeinsame Quelle, Johannes ist wohl von Lukas oder möglicherweise von allen drei Synoptikern abhängig –, stellen die Differenzen durchaus bewusste Neuakzentuierungen bzw. spezifische Profilierungen im Hinblick auf die jeweilige Situation der Adressaten dar. Ohne Zweifel sind alle vier Evangelien vom christologischen Bekenntnis geprägt, weisen aber eben doch auch auf Gemeinden zurück, in denen das Bekenntnis eigene Ausprägungen gefunden hatte. Auch in der vierfachen kanonischen Evangelienüberlieferung machen sich Differenzen geltend, die nicht nur Randständiges betreffen.

Kann kanonische Schriftauslegung, die zwar die Einzelschrift im Kontext der ganzen Schrift liest, sie aber doch auch als eigene Schrift in Geltung lässt, tatsächlich diese unterschiedlichen Ansätze überspringen und die Aussagen der vier Evangelisten zu einem „Jesus der Evangelien" zusammenführen? Ist nicht das „vierfache Evangelium", das die Gestalt Jesu im Lichte unterschiedlicher Situationen, Horizonte, Fragen und Probleme spiegelt, als Aufruf zum eigenen Weg durch den Kanon vorgegeben und ist nicht so die offene Annäherung an die alle Kategorien immer übersteigende Gestalt Jesu eingefordert?

2. Die Rückfrage nach dem „historischen" Jesus

Das Buch unternimmt, wie schon gesagt, den Versuch, „den Jesus der Evangelien als den wirklichen Jesus, als den ‚historischen Jesus' im eigentlichen Sinn darzustellen". Es möchte aufweisen, dass dieser durch das Bekenntnis erschlossene und so durch die Evangelien zur Sprache gebrachte „Jesus" letztlich „viel logischer und auch historisch betrachtet viel verständlicher ist" als alle Rekonstruktionensversuche der Rückfrage nach dem „historischen" Jesus. Mehr noch: Es vermerkt ausdrücklich die Überzeugung, „dass gerade dieser Jesus – der der Evangelien – eine historisch sinnvolle und stimmige Person ist." (21) In ihm sieht Ratzinger das wirkliche Gegenüber der Gemeinde, das im Bekenntnis auch Gegenwartsbezug hat, weshalb sich der Glaube in ihm verankern könne. Demgegenüber bleibe die Rekonstruktion eines „historischen Jesus" immer hypothetisch. Im Hintergrund steht die Sorge, dass neben dem kirchlich gepredigten und bezeugten Jesus der Evangelien wie ein Schatten ein rekonstruierter „historischer" Jesus in Stellung gebracht werde, der nicht nur diesen in Frage stellen, sondern generell das Bekenntnis unterlaufen könnte – ohne dass es möglich wäre, dabei wirklich die Kriterien zu wägen. Glaube darf zwar nicht an den begründeten Klarstellungen der Wissenschaft vorbei gehen, er muss – das ist die zentrale Orientierung des Buches – eine feste und nicht unterlaufbare Basis und Gewissheit haben.

Sicher ist einzuräumen, dass historisch-kritische Forschung bisweilen wie ein Störenfried im Rahmen der Theologie wirken mag, und dies besonders dann, wenn sie sich ausschließlich auf das Ausloten geschichtlicher Möglichkeiten ausgerichtet und an der theologischen Problematik nur mäßig interessiert ist. Auf der anderen Seite aber verleiht gerade diese offene, mit Vermutungen und Wahrscheinlichkeiten operierende Rückfrage der theologischen Reflektion die unentbehrliche geschichtliche Bodenhaftung bzw. sie entlässt die theologische Reflexion nicht aus der immer neuen Frage nach der geschichtlichen Gründung. Bei Verzicht auf diese, niemals zu abschließenden Ergebnissen kommenden Rückfragen nach den historischen Zusammenhängen, würde auch dem Bekenntnis ein Stück Realitätsbezug fehlen und den Verdacht auf ein rein vom Bekenntnis her konstruiertes Geschichtsbild nähren.

Darüber hinaus ist zu fragen, ob die Rückfrage nach dem Jesus der Geschichte nicht auch aus theologischen Gründen geboten ist: Sie öffnet den Blick für den irdischen Weg Jesu, den seine Zeitgenossen ohne Zweifel auch mit Außergewöhnlichem verbanden, der aber eben auch von den Gegebenheiten der irdischen Existenz Jesu mit all ihren Begrenzungen und Niedrigkeiten bestimmt war. Letzteres schlägt sich auch in den offenen und immer auch suchenden Aussagen der Forschung nieder. Es dürfte gleichwohl für die christologische Entfaltung von fundamentaler Bedeutung sein, dass dieser Aspekt nicht aus dem Auge verloren wird. Denn nicht zuletzt in der immer neuen Rückfrage nach dem „historischen" Jesus mit all ihren tastenden Bemühungen und ihrer bruchstückhaften Erkenntnis wird schon methodisch sichtbar, wie sehr dieser Weg von Kenosis gezeichnet ist.

H. Schürmann riet in diesem Sinne seinerzeit der Bibelwissenschaft, bei der „textverpflichteten linguistischen und historischen Ebene" zu bleiben, „weil sie in armselig ‚entleerter' Kenosis ..., wenn sie nur ihre Rückverbindung zu dem, der „DAS WORT" unter und über dem Text ist, nicht verliert, am besten hilft, dass die geschichtlich verfremdete, oft ärgeniserregende Gestalt des Wortes Gottes sich in der Schrift neuartig Gehör verschaffen kann."

3. Unterwegs zu einer mehrdimensionalen Auslegung

Dem Jesus-Buch von Joseph Ratzinger/Benedikt XVI. geht es – bei allem Respekt vor der kritischen Arbeit der Bibelwissenschaften – letztlich darum, die Person Jesu in fasslichen und klaren Konturen als sich erschließendes Gegenüber zu beschreiben. Es orientiert die Leser deshalb auf den im Osterbekenntnis angesprochenen und in den Evangelien narrativ zur Sprache gebrachten Jesus, der in seinen Auslegungen sowohl in das Licht der Schrift gestellt, als auch von der Tradition erschlossen und erhellt wird. J. Ratzinger macht dabei die Möglichkeiten, die in einer solchen Vorgehensweise liegen, mit großer Eindringlichkeit und im Abschreiten eines großen Horizonts deutlich. Es bleibt dennoch die Frage, ob ein ausschließlich vom Bekenntnis bestimmtes und am Zeugnis der Evangelien orientiertes Bild Jesu nicht von vorn herein Perspektiven ausblenden oder verkürzen wird, die für die Gestalt von entscheidender Bedeutung sind.

Zumindest an zwei Punkten scheinen Fragen angebracht, weil einerseits schon die Evangelien unterschiedliche Entwürfe des Weges und der Gestalt Jesu markieren, sie im Hinblick auf ihre Gemeinden erschließen und deshalb auch nicht ohne Probleme zu einem Gesamtbild Jesu zusammengeführt werden können. Ohne Zweifel geben sie Traditionen weiter, aber sie sind auch bemüht, diese zu erschließen und auf ihre Situation hin zu öffnen.

Dies alles schließt den Rekurs auf den „biblischen Jesus" zwar nicht aus, scheint aber dazu zu raten, den Horizont so weit zu fassen, dass die Divergenzen der Überlieferung und die der Evangelienabfassung voraus liegenden Entwicklungen nicht einfach übergangen, sondern für das Verständnis fruchtbar gemacht werden – auch wenn dies ein unabgeschlossener Prozess bleiben wird.

Auch die Rückfrage nach dem so genannten „historischen Jesus" wird sich nicht ohne Schaden für die Auslegung in ihrer theologischen Bedeutung zurückstellen oder gar ausblenden lassen. Auch wenn die bereits von A. Schweitzer formulierten Probleme das Bemühen um die Erhebung des Jesuanischen nach wie vor begleiten, ist doch der immer neue Versuch, die Anfänge zu klären für eine verantwortliche Rede von Jesus nicht wegzudenken. Theologisch macht sie zudem die gerade für das Bekenntnis zum Weg Jesu als Heilsgeschehen entscheidende Dimension der „Kenosis" deutlich.

Zu den eindringlichsten Abschnitten in Joseph Ratzingers Jesus-Buch zählen ohne Zweifel jene, in denen er das „Gespräch" des jüdischen Gelehrten Jacob Neusner mit Jesus aufnimmt und sich in diesen Austausch hineinziehen lässt. Als Leser kann man sich dem Eindruck nicht entziehen, dass dies zwar ein literarischer Dialog ist, der Austausch aber nicht wirklich fiktiven Charakter hat. Das Zueinander der durchaus unterschiedlichen Vorstellungen, das Zusammenführen unterschiedlicher Herkünfte erschließt neu Horizonte des Verstehens.

Man möchte fragen, ob da nicht vielleicht ein Fingerzeig für die weitere Arbeit der Theologen im Hinblick auf die rechte Wahrnehmung der Gestalt Jesu liegen könnte: Das Zusammenspiel unterschiedlicher Ansätze, Zugänge und Methoden im Versuch, sich der Gestalt Jesu immer neu zu nähern.

Literaturhinweis:

H. Schürmann, *Die neuzeitliche Bibelwissenschaft als theologische Disziplin. Ein interdisziplinärer Gesprächsbeitrag*, in ders.: *Wort Gottes und Schriftauslegung. Gesammelte Beiträge zur theologischen Mitte der Exegese*, hg. v. K. Backhaus, Paderborn 1998, 47–54.

Ein Buch der Beziehungen

von Franz Mußner

Das Jesusbuch des Papstes will laut Vorwort „in keiner Weise ein lehramtlicher Akt" sein, „sondern einzig Ausdruck meines persönlichen Suchens ‚nach dem Angesicht des Herrn' (vgl. Ps 27,8)" (22). Es sucht „den Weg Jesu auf Erden und seine Verkündigung zu verstehen …, nicht die theologische Verarbeitung im Glauben und Denken der frühen Kirche" (369), also nicht die Entwicklung der Christologie in den ersten Jahrhunderten der Kirche, über die etwa der Jesuit und Kardinal Alois Grillmeier umfassend gearbeitet hat.

Im Folgenden sei versucht, das Ergebnis des „persönlichen Suchens" des Papstes, wie es sich in seinem Buch darbietet, in den mir als wesentlich erscheinenden Punkten vorzustellen, wobei uns bewusst sein muss, dass dieses Ergebnis die Frucht eines langjährigen Befasstseins mit der Thematik des Buches ist. Der Papst wollte ja, als er noch Professor in Regensburg war, in der Auer-Dogmatik die Christologie behandeln; dazu kam es durch seine Ernennung zum Erzbischof von München und Freising nicht mehr.

Der Grundgedanke des Buches

Der Grundgedanke des Buches schlechthin ist Jesu seinshafte Beziehung zum Vater, also die Beziehung des Sohnes, „… weil Jesus selbst Gott – der Sohn – ist, darum ist seine ganze Verkündigung Botschaft seines eigenen Geheimnisses" (92). Dem Sohnesgeheimnis ist im 10. Kapitel des Buches („Selbstaussagen Jesu") der ganze Abschnitt 2 gewidmet (386–396). Aus ihm ein zentraler Satz: „Das Wort Sohn mit seiner Entsprechung Vater – Abba lässt uns wirklich in das Innere Jesu, ja in das Innere Gottes selbst hineinblicken" (395). „Es gibt die Originalität Jesu. Nur er ist ‚der Sohn'" (396). Gott „zeigt uns in Jesus sein Gesicht" (162). Der menschgewordene Sohn ist die sichtbar gewordene Epiphanie des Vaters. Im Johannes-Evangelium, das der Papst ganz offensichtlich besonders liebt, drückt sich die Relation Vater/Sohn – Sohn/Vater etwa in den Worten Jesu aus (in Auswahl): „mein Vater wirkt bis auf diese Stunde, und auch ich wirke" (5,16); „der Sohn kann nichts aus sich selbst tun, wenn er es nicht den Vater hat tun sehen. Denn was immer jener tut, das tut in gleicher Weise auch der Sohn" (5,19); „meine Lehre ist nicht die meine, sondern die Lehre dessen, der mich gesandt hat" (7,16): „das Wort aber, das ihr hört, ist nicht mein, sondern des Vaters, der mich gesandt hat" (14,24b). Ich selbst habe dazu bemerkt: „Die christologischen Grundaussagen des vierten Evangeliums gehen durchgehend auf diese Aktionseinheit bis Deckungsgleichheit Jesu mit dem Vater"[1]. Diese Aktionseinheit bis Deckungsgleichheit Jesu mit dem Vater erlaubt es Jesus, zu sagen: „Ich und der Vater sind eins" (Joh 10,30); „Wer mich sieht, sieht den, der mich gesandt hat" (12,45); „Wer mich gesehen hat, hat den Vater gesehen" (14,9b). Gerade diese Äußerungen Jesu führen den Papst im nächsten Abschnitt (397–407) zu der Gruppe der „Ich-bin"-Worte, wobei er sich besonders mit der Gruppe, in der das absolute „ich bin" (ohne Zusätze) begegnet, ausführlich befasst, indem er sie in Verbindung bringt einmal mit der Szene mit dem brennenden Dornbusch in Ex 3,14, in der Gott selber seinen rätselhaften Namen JHWH „auslegt mit dem gleichfalls rätselhaften Satz: ‚Ich bin, der ich bin' … Er ist schlechthin" (398f). Und dann mit Jes 43,10f, wo Gott sagt: „damit ihr erkennt und mir glaubt, dass ich es bin", wozu der Papst

bemerkt (399): „die alte Formel ‚ani' JHWH wird nun ver-
kürzt zu dem Wort ‚ani' hu' – ich er, ich bin es"[2]. Der Papst
erinnert dabei auch an das Wort Jesu in Mk 6,50 (Perikope
von der Stillung des Seesturms): „Habt Mut, ich bin es *[ego
eimi]*; fürchtet euch nicht!" (403). Ich würde allerdings meinen: „ich bin es" ist hier keine Offenbarungsformel, sondern
eine Erkennungsformel; die Jünger sollen erkennen, dass es
ihr Jesus ist, den sie für ein Gespenst halten. Aber der ganze
Vorgang ist dennoch, wie der Papst bemerkt (S. 404), eine
Theophanie, eine „Begegnung mit dem göttlichen Geheimnis Jesu ..., weshalb sie ganz logisch bei Matthäus mit der
Anbetung (Proskynesis) und dem Wort der Jünger schließt:
‚Wahrhaftig, du bist Gottes Sohn' (Mt 14,33)."

In diesem Abschnitt seines Buches befasst sich der Heilige Vater auch mit dem „Menschensohn", wobei er mit Ent-
schiedenheit die Überzeugung vertritt, dass es sich dabei
um eine genuine Selbstbezeichnung Jesu handelt, was auch
meine Überzeugung ist. Wie es nicht anders sein kann,
kommt er dabei auch auf Daniels Traumvision von den vier
Tieren und vom Menschensohn (Dan 7,1–28) zu sprechen.
Der Prophet sieht vier große, schreckliche Tiergestalten aus
dem Meer heraufsteigen, hierauf einen „Hochbetagten", der
dem letzten Tier die Herrschaft über die Welt entreißt. „Immer noch hatte ich die nächtlichen Visionen: Da kam mit
den Wolken des Himmels einer wie ein Menschensohn",
dem vom Hochbetagten „eine ewige, unvergängliche Herrschaft" übergeben wird. Hat sich Jesus mit diesem visio-
nären Menschensohn identifiziert, seine Selbstbezeichnung
„Menschensohn" eventuell von dorther bezogen? Das ist die
Frage, der sich der Papst stellt (vgl. 375–378). Der Papst bemerkt: „Der ‚Menschensohn', der von oben kommt, ist ...
das Gegenüber zu den Tieren aus der Tiefe des Meeres; als
solcher bedeutet er nicht eine individuelle Gestalt, sondern
die Darstellung des ‚Reiches', in dem die Welt an ihr Ziel

gelangt" (376). Diese Meinung vertritt auch der Trierer Alt-
testamentler Ernst Haag in seinem Daniel-Kommentar[3]; er
bringt die Menschensohnvision in Dan 7 in einen direkten
Zusammenhang mit der Zion-David-Tradition: „eine traditi-
onsgeschichtliche Erkenntnis, die für die messianische Interpretation des im Neuen Testament auf Jesus Christus be-
zogenen Hoheitstitel ‚Menschensohn' nicht ohne Bedeutung
ist"[4], nämlich für die neutestamentliche Sicht Jesu als des
eschatologischen Herrschers. Die Selbstprädikation Jesu als
„Menschensohn" hat vor allem mit seinem Hoheitsanspruch
zu tun. Für die vorchristliche Entstehungszeit der „Bilderre-
den" der äthiopischen Henoch-Apokalypse, in denen ebenfalls „der Menschensohn" erscheint – der Papst kommt darauf zu sprechen – gibt es beachtliche Gründe[5]. Jedenfalls,
so der Papst, „bleibt, dass hier [bei Daniel] mit dem Bild des
Menschensohnes das künftige Reich des Heiles dargestellt
wird – eine Vision, an die Jesus anknüpfen konnte, der er
aber doch eine neue Gestalt gegeben hat, indem er diese Erwartung mit sich selbst und seinem Wirken in Verbindung
brachte" (376f). „Aus dem von Daniel von ferne geschauten
(„wie ein Menschensohn") Kollektiv wird Person, aber die
Person überschreitet in ihrem ‚für viele' die Grenzen des
Individuums und umfasst ‚viele', wird mit vielen ein Leib
und ‚ein Geist' (vgl. 1Kor 6,17)" (384). „Und wie der, der
vom Himmel kommt, himmlisch ist, so sind es auch seine
Nachfahren (1 Kor 15,48)" (ebd.).

Die Selbstaussagen Jesu

Gerade auch die vom Papst im letzten Kapitel seines Buchs
behandelten Selbstaussagen Jesu lassen ein Doppeltes erkennen, worauf er hinweist:

1. Menschensohn, Sohn, Ich bin es: „In allen drei Worten
erscheint die Originalität Jesu – ein Neues, das nur ihm Ei-

gene, für das es keine weiteren Ableitungen gibt … Keines der drei Worte konnte daher, so wie es steht, einfach ein Bekenntniswort der ‚Gemeinde‘, der sich bildenden Kirche werden" (406). Und: Der Begriff „gleichwesentlich" des Konzils von Nizäa (325 n. Chr.) „hat nicht den Glauben hellenisiert …, sondern gerade das unvergleichlich Neue und Andere festgehalten, das in Jesu Reden mit dem Vater erschienen war" (407). So kommt der Papst in seinem Buch auch auf das Neue, das Jesus brachte, zu sprechen (vgl. 87; 149; 153)[6].

2. *Der unerhörte, göttliche Anspruch Jesu* (dazu vgl. 143ff; 147; 152; 375; 381): „Wenn Jesus dem ‚Menschensohn‘ [mit der Zusage: „Mein Sohn, deine Sünden sind dir vergeben", Mk 2,5] diese Vollmacht zuschreibt, so beansprucht er, in Gottes eigener Würde zu stehen und aus ihr heraus zu handeln", was Jesus nach Mk 2,7 den Vorwurf der Gotteslästerung durch einige Schriftgelehrte einbringt. „Es ist eben dieser göttliche Anspruch, der zur Passion führt. Insofern sind die Vollmachtsworte Jesu auf sein Leiden hingeordnet" (vgl. dazu auch Mk 3,6). Deshalb sage auch ich immer: Ohne den unerhörten Anspruch Jesu, wie er in allen vier Evangelien bezeugt wird, wäre der Prozess gegen Jesus, der ihm das Kreuz einbringt, nicht wirklich verständlich[7]. Gerade durch seinen Opfertod am Kreuz erweist sich Jesus als der Proexistente schlechthin. Der Papst schreibt auf Seite 382: „Im Leiden und im Tod wird das Leben des Menschensohnes ganz ‚Proexistenz‘ … In seinem Tod ‚für viele‘ überschreitet er die Grenzen von Ort und Zeit, erfüllt sich die Universalität seiner Sendung". Jesu unerhörter Anspruch, so könnte man deshalb sagen, ist der Grund des für alle geltenden „für"; Gottes Selbstauslegung in dem Satz: „Ich bin, der ich bin", schließt in sich, „dass er immer da ist – für die Menschen, gestern, heute, morgen" (398f). Der Sohn übernimmt dieses „für" vom Vater, weshalb ich immer sage: die

Präposition „für" ist eines der wichtigsten Verkündigungs-wörter der ganzen Bibel! Dieses „für" ist Ausdruck der alle Menschen umfassenden Liebe Gottes, radikal vorgelebt von Jesus, der die Seinen liebte „bis zuletzt" (Joh 13,1); man kann auch übersetzen: „bis zum äußersten", nämlich durch seinen Opfertod am Kreuz.

Die Bergpredigt mit dem Vaterunser

Das 4. Kapitel des Buches behandelt die Bergpredigt. „Die Bergpredigt ist in die Weite der Welt, Gegenwart und Zu-kunft hinein gerichtet, aber sie verlangt doch Jüngerschaft und kann nur in der Nachfolge Jesu, im Mitgehen mit ihm verstanden und gelebt werden" (98). Der Papst wählt drei Stücke aus: die Seligpreisungen, die Neufassung der Tora, „die uns Jesus bietet", und das Vaterunser. Was „die Neu-fassung der Tora" angeht, so steht hier Jesus „im Gespräch mit Mose, im Gespräch mit den Überlieferungen Israels." Der Papst gesteht dabei, dass er von dem Buch „Ein Rab-bi spricht mit Jesus" des großen jüdischen Gelehrten Jacob Neusner mehr gelernt habe als von anderen Auslegungen der Bergpredigt[8]. Der Papst zitiert aus Neusners Buch: „Je-sus war kein rabbinischer Reformator, der den Menschen das Leben ‚leichter' machen wollte ... Nein, es geht hier nicht um die Erleichterung einer Last ... Jesu Autorität steht auf dem Spiel ...". „Jetzt steht Christus auf dem Berg und nimmt den Platz der Tora ein". Die Bergpredigt ist die Tora des Messias, die Tora des neuen, eschatologischen Mose. Der Papst: „Jesus steht in den Antithesen der Bergpredigt weder als Rebell noch als Liberaler vor uns, sondern als der pro-phetische Interpret der Tora, der sie nicht aufhebt, sondern erfüllt ..." (159f). Als Exeget würde ich ergänzend sagen: als Toraverschärfer. Die Antithesen der Bergpredigt sind ja nur zum kleinen Teil wirkliche „Antithesen". Wenn Jesus formuliert: „ich aber sage euch", so ist die griechische Partikel *de* in vielen Antithesen nicht adversativ zu verstehen; sondern hat nach Ausweis des Lexikons auch weiterführenden, überbietenden („vielmehr") Sinn; also: ich sage euch darüber hinaus, was den Alten gesagt worden ist[9]. Wenn Jesus zum Beispiel in der 1. Antithese zum 5. Gebot sagt: „Ich aber sage euch: Jeder, der seinem Bruder auch nur zürnt ...", so ist das Verschärfung des 5. Gebots. Deshalb spricht der Papst mit Recht von ihrer [der Tora] „Fortentwicklung durch die prophetische Kritik" (160) Jesu. Wichtig ist auch seine Bemerkung, „dass die Bergpredigt eine verborgene Christologie ist" (130). Denn auch in ihr begegnet der Anspruch Jesu, sein „Anspruch als Sohn" (152). Die „Antithesen" Jesu in der Bergpredigt fordern von ihren Hörern eine Gerechtigkeit, die „weit größer ist als die der Schriftgelehrten und der Pharisäer" (Mt 5,20), die sich vielmehr konkretisiert als die größere Liebe, selbst zum Feind (5,23)!

Zur großartigen Auslegung des „Vaterunser" durch den Papst zitiere ich nur einige Sätze: „Das Vaterunser projiziert nicht ein menschliches Bild an den Himmel, sondern zeigt uns vom Himmel her – von Jesus her – wie wir Menschen werden sollen und können" (171). Denn in den Bitten des Vaterunser „ist immer Jesus ... im Hintergrund" (169). Zu der Frage: „Ist Gott nicht auch Mutter?" verweist das Buch auf „das Geheimnis der mütterlichen Liebe Gottes", das in dem hebräischen Wort *rahamim* ins Sprachliche kommt, „das eigentlich ,Mutterschoß' bedeutet", und so Ausdruck für die Barmherzigkeit Gottes ist. „Die Bildsprache des Leibes [die in der Bibel durchgehend begegnet, wie „Herz"] schenkt uns so ein tieferes Verstehen der Gesinnungen Gottes dem Menschen gegenüber, als jede Begriffssprache es ermöglichen würde" (173)[10]. „JHWH's Lampe ist der Atemhauch des Menschen, sie erforscht alle Kammern des Leibes" (Spr 20,27). Bei der Auslegung der Brotbitte im Va-

terunser bemerkt der Heilige Vater: „Ich denke [dabei] …
müsse man den größeren Zusammenhang der Worte und
Taten Jesu im Auge behalten, in dem wesentliche Inhalte
des menschlichen Lebens eine große Rolle spielen: das
Wasser, das Brot und – der Festlichkeit und Schönheit der
Welt – der Weinstock und der Wein. Das Thema Brot hat
einen wichtigen Platz in der Botschaft Jesu – von der Versuchung in der Wüste über die Brotvermehrungen bis hin zum
letzten Abendmahl" (189). Dazu sei auch gleich hingewiesen auf das 8. Kapitel: Die großen johanneischen Bilder, mit
einer Einführung: Die johanneische Frage, die der Papst so
beantwortet, wie ich es auch in meinen Vorlesungen getan
habe. Der Verfasser des 4. Evangeliums ist ein Augenzeuge
des öffentlichen Wirkens Jesu. Die Hinweise auf die Augenzeugenschaft in Joh 19,35 und 21,24 sind keine literarische
Fiktion. Sein Evangelium „beruht auf dem Erinnern des
Jüngers, das aber Mit-Erinnern im Wir der Kirche ist [Joh
1,14: Plural „wir haben gesehen seine Herrlichkeit"!]. Dieses
Erinnern ist ein vom Heiligen Geist geführtes Verstehen; erinnernd tritt der Glaubende in die Tiefendimension des Geschehenen ein und sieht, was zunächst und bloß äußerlich
nicht zu sehen war … und sieht so die Wahrheit, die sich
im Faktum verbirgt" (275). Der Papst behandelt dann die
großen Bilder des Evangeliums: das Wasser, Weinstock und
Wein, das Brot, der Hirte. Ich zitiere daraus jetzt nur einen
Satz: „Der Weinstock als christologische Bezeichnung enthält auch eine ganze Ekklesiologie in sich" (304).

Gleichnisse

Drei große lukanische Gleichnis-Erzählungen (Das Gleichnis vom barmherzigen Samariter; Das Gleichnis von den
zwei Brüdern … und dem gütigen Vater; Das Gleichnis vom
reichen Prasser und vom armen Lazarus) werden vom Papst

ausgelegt. Zum letzteren Gleichnis bemerkt der Papst: „Die Väter haben zum Teil dieses Gleichnis ... auf das Verhältnis von Israel (der Reiche) und die Kirche (der arme Lazarus) angewandt, aber damit die ganz andere Typologie verfehlt, um die es hier geht" (252). „Es geht vielmehr ... in einem zweiten Gipfel des Gleichnisses um die Zeichenforderung" (256): wenn ein Toter von den Toten auferweckt würde, dann würden die noch lebenden fünf Brüder des verdammten reichen Prassers auf Mose und die Propheten hören (Lk 16,28–31). Dazu der Papst: „Das Problem der Zeichenforderung, der Forderung nach größerer Evidenz der Offenbarung durchzieht das ganze Evangelium" (257). Und er bemerkt: „Eine ‚Auferstehung im Tod' kennt Jesus nicht" (256). Dem kann ich nur zustimmen.

Petrusbekenntnis und Verklärung

Im 9. Kapitel geht es um zwei wichtige Markierungen auf dem Weg Jesu: Petrusbekenntnis und Verklärung. Bei Matthäus lautet das Petrusbekenntnis: „Du bist Christus, der Sohn des lebendigen Gottes". Der Papst bemerkt zu den Christustiteln der Bekenntnisse: „Immer ist dabei der Zusammenhang mit dem Prozess Jesu wichtig, in dem das Bekenntnis der Jünger als Frage und Anklage wiedererscheint" (346), nämlich in der Frage des Hohenpriesters an Jesus: „Bist du der Messias, der Sohn des Hochgelobten?" (Mk 14,61). Dazu möchte ich ergänzend bemerken: Die Apposition zu „Messias", nämlich „der Sohn des Hochgelobten", hat nach Ausweis der hellenistischen Grammatik eine explikative Funktion; sie „dient zur Erklärung und näheren Bestimmung eines allgemeinen Begriffs" (E. Mayser)[11], in unserem Fall des allgemeineren Begriffs „Messias". Nach der Lehre der Semantik hat eine Apposition nicht die Funktion, dasselbe mit anderen Worten zu sagen, vielmehr dient sie „der zusätzlichen Benennung und Spezifizierung, der Hervorhebung bestimmter Eigenschaften, der Bestimmung einer Person, ihrer soziologischen Stellung, nach Herkunft ..." (Th. Lewandowski)[12]. Die hochnotpeinliche Frage des Hohenpriesters an Jesus meint also: „Bist du der Messias", und zwar in dem von dir offensichtlich beanspruchten Sinn, „der Sohn des Hochgelobten" zu sein, also der Sohn Gottes, was dann das Synedrium zu der Überzeugung bringt: Jesus ist ein eklatanter Gotteslästerer, der den Tod verdient. Der Papst wird vermutlich im 2. Band auf den Prozess Jesu eingehend zu sprechen kommen. „Was an Jesus Anstoß erregte, war gerade das ...: dass er sich mit dem lebendigen Gott selbst auf eine Stufe zu stellen schien. Das war es, was der streng monotheistische Glauben der Juden nicht anzunehmen vermochte" (350). So sehe ich die Dinge auch (s. Anm. 7). Sie sind in der dramatischen Szene von Joh 10,30–33 in aller Schärfe angesprochen.

Aus dem Abschnitt des Buches „Die Verklärung" zitiere ich nur einen Satz: „Auf dem Berg erfahren sie [die drei Apostel], dass Jesus selbst die lebendige Tora, das ganze Wort Gottes ist" (365).

Schluss

Wenn ich zum Schluss das Jesus-Buch unseres Papstes Benedikt XVI. kurz zu charakterisieren versuche, dann möchte ich formulieren: Das Buch ist ein Buch der Beziehungen, und zwar in fünffacher Hinsicht.
1. Beziehung des Sohnes zum Vater: „Jesus (ist) ganz ‚relational', in seinem ganzen Sein nichts als Beziehung zum Vater ..." (400). Das ist die Grundbeziehung.
2. Beziehungsherstellung eines behandelten Themas zur selben oder ähnlichen Thematik in den Evangelien und im ganzen Neuen Testament.
3. Beziehungen zum Alten Testament. „Das rechte Ineinan-

der von Altem und Neuem Testament war und ist für die Kirche konstitutiv" (154).[13]

4. Beziehung zu den Kirchenvätern. Das Buch lässt durchgehend die Schulung des Papstes durch die „Väter" erkennen.

5. Beziehung zur heutigen Lage der Welt, zum Beispiel in seiner Auslegung der Seligpreisungen (100–130).

Das Jesus-Buch des Papstes zeugt von seiner großen Gelehrsamkeit. Er ist ein hervorragender Kenner und Liebhaber der ganzen Heiligen Schrift. Er denkt dabei vor allem „johanneisch". Er kennt die moderne Exegese; er selbst vertritt dabei die so genannte kanonische Exegese, „die zur historisch-kritischen Methode nicht im Widerspruch steht, sondern sie organisch weiterführt und zu eigentlicher Theologie werden lässt" (18); sie nennt sich auch „Endtextexegese", wie ich sie auch vertrete[14]. Der Heilige Vater ist ein Meister des geistlichen Lebens. Sein Jesus-Buch besitzt, wie viele andere Schriften aus seiner Feder, eine außerordentliche spirituelle Tiefendimension. Das Buch hilft zur Glaubensfreude; es ist ein missionarisches Werk. Wir müssen Gott danken, dass er dem Heiligen Vater den Mut und die Kraft gab, dieses Buch trotz seiner vielen Beanspruchungen zu schreiben. Möge ihm der Herr die Gesundheit und die Kraft schenken, auch noch den zweiten Band zu schreiben.

Anmerkungen

[1] F. Mußner, *Ursprünge und Entfaltung der neutestamentlichen Sohnes-christologie. Versuch einer Rekonstruktion*, in: L. Scheffczyk (Hg.), *Grundfragen der Christologie heute* (QD 72), Freiburg u.a. ²1978, 77–113, 108. Vgl. auch ders., *Das Erzählziel der Evangelisten*, in: *Zum Aufbruch ermutigt. Kirche und Theologie in einer sich wandelnden Zeit* (FS Bischof F.X. Eder), Freiburg u.a. 2000, 54–64; ders., *Welcher Jesus spricht in den Evangelien?*, in: *Steht nicht geschrieben? Studien zur Bibel und ihrer Wirkungsgeschichte* (FS G. Schmuttermayr), Regensburg 2001, 201–208. Diese beiden FS-Beiträge habe ich zuerst vor dem großen Schülerkreis des Heiligen Vaters vorgetragen; in ihnen geht es um die Sohneschristologie.

[2] Vgl. dazu auch C. H. Williams, „*I am He*". *The Interpretation of ‚ANI HU‘ in Jewish and Early Christian Literature* (WUNT 2/113), Tübingen 2000.

[3] In der *Neuen Echter-Bibel* (als Lieferung 30), Würzburg 1993; vgl. hier vor allem Einleitung, 6d.

[4] Ebd. 15.

[5] S. dazu S. Uhlig, *Das Äthiopische Henochbuch*, in der Reihe: *Jüdische Schriften aus jüdisch-hellenistischer Zeit*, Bd. V, Lief. 6, 574f.

[6] Vgl. dazu auch F. Mußner, *Was hat Jesus Neues in die Welt gebracht*, Stuttgart 2001, mit einem Geleitwort von Joseph Cardinal Ratzinger. „In Jesus ist der Sohn in der Welt da und zwar als das schlechthin Neue, das nicht überholt werden kann. Denn Größeres als den Sohn gibt es in der Welt nicht mehr" (11).

[7] Vgl. dazu auch F. Mußner, *Der Anspruch Jesu*, in: *Die Kraft der Wurzel. Judentum – Jesus – Kirche*, Freiburg u.a. ²1989, 104–124; ders.; *Glaubensüberzeugung gegen Glaubensüberzeugung. Bemerkungen zum Prozeß Jesu*, ebd. 125–136 (mit Lit.). Mit seinem unerhörten Anspruch fiel Jesus von Nazareth aus dem Rahmen des Judentums, jedenfalls für jüdisches Bewusstsein. Das brachte ihm am Ende den gewaltsamen Tod ein.

[8] Auch ich habe viel von J. Neusner gelernt, ich besonders von seinem Buch: *Das pharisäische und talmudische Judentum*, deutsch Tübingen 1984.

[9] W. Bauer, *Wörterbuch zum Neuen Testament*, Berlin u.a. ⁶1988, s. v. *de*.

[10] Zu dieser Bildsprache des Leibes sei hingewiesen auf das schöne Buch von S. Schroer – Th. Staubli, *Die Körpersymbolik der Bibel*, Gütersloh ²2005.

[11] *Grammatik der griechischen Papyri aus der Ptolemäerzeit* II/2, 111.

[12] *Linguistisches Wörterbuch* 1, Heidelberg ²1976, 56f.

[13] Verwiesen sei hier für das Johannesevangelium auf M. Lahban – K. Scholtissek – A. Strotmann (Hg.), *Israel und seine Heilstraditionen im Johannesevangelium* (FS J. Beutler SJ), Paderborn u.a. 2004.

[14] Dazu etwa R. Rendtorff, *Der Text in seiner Endgestalt. Schritte auf dem Weg zu einer Theologie des Alten Testaments*, Neukirchen/Vluyn 2000, der übrigens auch bemerkt hat, „dass christliche Theologie nicht mit der Botschaft des Neuen Testaments beginnt" (in seinem Werk: *Theologie des Alten Testaments. Ein kanonischer Entwurf*, Bd. 2, 310). Gerade das weiß auch der Papst, wie sein Jesus-Buch durchgehend zeigt. Vgl. auch noch Th. Söding, *Die Seele der Theologie. Ihre Einheit aus dem Geist der Heiligen Schrift in Dei Verbum und bei Joseph Ratzinger*, in: IKZ Communio 35 (2006) 545–557 (mit Lit.).

Der biblische Jesus Christus. Zu Joseph Ratzingers Jesus-Buch

von Karl-Wilhelm Niebuhr

> „Der historische Jesus der modernen Schrift-
> steller verdeckt uns den lebendigen Christus.
> Der Jesus der ‚Leben Jesu' ist nur eine mo-
> derne Abart von Erzeugnissen menschlicher
> erfindender Kunst, nicht besser als der verru-
> fene dogmatische Christus der byzantinischen
> Christologie; sie stehen beide gleich weit von
> dem wirklichen Christus. Der Historizismus ist
> an diesem Punkte ebenso willkürlich, ebenso
> menschlich-hoffärtig, ebenso vorwitzig und
> so ‚glaubenslos-gnostisch' wie der seiner Zeit
> auch moderne Dogmatismus."

Diese scharfe Polemik gegen die Konstruktionen einseitig
historischer Jesus-Forschung findet sich nicht bei Joseph
Ratzinger, Papst Benedikt XVI., sondern bei Martin Kähler
(1835–1912), dem evangelischen Theologen und Professor
für Systematische Theologie und Neues Testament in Halle.[1]
Der von Martin Kähler benannten Aufgabe, den wirklichen,
den biblischen Christus zur Geltung zu bringen gegenüber
einem auf das Minimum kritischer Rekonstruktion vereng-
ten „historischen Jesus", hat sich auch Joseph Ratzinger
gestellt. Wie Kähler, so sieht auch Ratzinger das Entscheidende darin, dass dieser wirkliche, biblische Christus der
Jesus der Geschichte ist. Wenn Ratzinger „den Jesus der
Evangelien als den wirklichen Jesus, als den ‚historischen
Jesus' im eigentlichen Sinn darzustellen" versucht (20), so
darf dabei allerdings nicht übersehen werden, dass er den
Begriff „historischer Jesus" im uneigentlichen Sinne verwendet. Zutreffender, unmissverständlicher wäre es wohl,

wenn er mit Kähler vom „geschichtlichen biblischen Christus" spräche.

|

Recht und Nutzen historischer Arbeit bei der Frage nach Jesus werden gleichwohl von Ratzinger ebenso wenig in Frage gestellt wie ehedem von Kähler. Vielmehr erachtet er sie, dem Dokument der Päpstlichen Bibelkommission „Die Interpretation der Bibel in der Kirche" von 1993 folgend, für unverzichtbar. Aber bei der Frage nach dem Jesus der Geschichte, dem Jesus, der Geschichte machte, hält er die Prämissen rein historischer Analyse für unzureichend. Gerade wenn die Geschichtlichkeit Jesu erfasst werden soll, dürfen nicht ihrerseits historisch bedingte, letztlich weltanschauliche Vorgaben den Blickwinkel einengen. Vielmehr gilt: „Im vergangenen Wort wird die Frage nach seinem Heute vernehmbar; im Menschenwort klingt Größeres auf" (16f), das sich nicht auf dem Wege historischer Differenzierung erschließt, vielmehr nur aus dem Zusammenhang und Zusammenklang des Ganzen der einen Schrift wahrgenommen werden kann.

Die Konsequenz daraus, die auch angesichts der Quellenlage unumgänglich ist, lautet: Dem Historiker ebenso wie dem Theologen steht als Ausgangspunkt seines Fragens kein anderer Jesus zur Verfügung als der biblische, der in seinen wesentlichen Konturen allein durch die vier Evangelien des Neuen Testaments bezeugte. Zwar ist es möglich und in sorgfältig bestimmten und reflektierten Grenzen auch sinnvoll, nach Jesus unter bewusster Absehung von dem biblischen Jesus-Bild, besser: den biblischen Jesus-Bildern, zu fragen. Nur könnte in diesem Rahmen die Frage nach Jesus von Nazareth weder theologisch noch historisch hinreichend beantwortet werden. Folgerichtig baut Ratzinger seine Jesus-Darstellung im Wesentlichen nach einem biblisch-chronologischen Schema auf, das seinen Niederschlag auch im Untertitel des Buches findet: „Von der Taufe im Jordan bis zur Verklärung". Damit ist zugleich klar, dass zunächst nur ein Teil des Jesus-Bildes vorliegt, seine Darstellung somit erst dann wirklich beurteilt werden kann, wenn das Bild durch die zentralen Ausführungen zur Passion und zum Ostergeschehen vollendet ist.

Dass Ratzingers Jesus-Bild freilich keineswegs aus naiv-biblizistischer Nachzeichnung der Evangeliendarstellungen entsteht, wird schon darin sichtbar, dass die Geburts- und Kindheitsgeschichten für den zweiten Band seiner Darstellung aufgehoben sind, also offenbar nur und erst im Zusammenhang mit dem Geschehen von Kreuz und Auferweckung Jesu sachgemäß gewürdigt werden können. Der Einsatz mit Jesu Taufe entspricht wiederum dem Darstellungsziel, von Beginn an den „ganzen Jesus" in den Blick zu nehmen, wie ihn uns die Evangelien darbieten: den in der Geschichte, datierbar und lokalisierbar, wirkenden Gottessohn. Ratzinger „sieht Jesus von seiner Gemeinschaft mit dem Vater her, die die eigentliche Mitte seiner Persönlichkeit ist" und betrachtet dies (mit Rudolf Schnackenburg) als „wirklich historische Einsicht" (12). Denn auch historisch betrachtet scheint es viel wahrscheinlicher, wenn den nach seinem Tod am Kreuz so früh und schnell entstehenden christologischen Bekenntnissen eine Wirklichkeit zugrunde lag, die nicht anders denn als durch die Gegenwart Gottes im Wirken Jesu erklärbar ist, „viel logischer, dass das Große am Anfang steht und dass die Gestalt Jesu in der Tat alle verfügbaren Kategorien sprengte und sich nur vom Geheimnis Gottes her verstehen ließ" (21).

II

Biblisch ist die Jesus-Darstellung Ratzingers auch darin, dass sie sich die maßgeblichen Kategorien zur Interpretation des Wirkens Jesu, wie es in den neutestamentlichen Evangelien nachgezeichnet wird, aus dem Alten Testament vorgeben lässt. Sein eigenständiger, auch der Fachexegese zum Nachdenken aufgegebener Interpretationsansatz, der sich wie ein Leitmotiv durch das ganze Buch hindurch zieht, wurzelt in der Verheißung eines „Propheten wie Mose" nach Dtn 18,15. Von ihr her wird die Gestalt Jesu als „neuer Mose" verständlich gemacht, obwohl diese Deutung in den neutestamentlichen Zeugnissen selbst explizit kaum einmal begegnet (als Zitat nur in Apg 7,37). Ihre erhellende Kraft bezieht sie gleichwohl daraus, dass in der Kategorie des „neuen Mose" die unlösbare Bindung des neutestamentlichen Christus-Zeugnisses an das Alte Testament ebenso zum Ausdruck gebracht werden kann wie die eschatologisch-einzigartige Neuheit des Christusgeschehens. Ratzinger entfaltet diese innere Spannung des zweiteiligen Kanons der christlichen Bibel, indem er auf die Gottesbegegnung des Mose am Sinai verweist (Ex 33,18–23). Während Mose am Sinai zwar Gott begegnet ist, sein Angesicht aber nicht schauen durfte, bezeugt das Johannesevangelium schon in seinem Prolog (vgl. Joh 1,18): „In Jesus ist die Verheißung des neuen Propheten erfüllt ... Er lebt vor dem Angesicht Gottes, nicht nur (sc. wie Mose) als Freund, sondern als Sohn; er lebt in innerster Einheit mit dem Vater." (31)

So wird „in Abhebung von der Welt der Religionen ringsum" die „Einzigartigkeit des Gottesglaubens, der Israel geschenkt wurde" (26) gewahrt, eines Gottesglaubens, der im Wirken und im Selbstanspruch Jesu nicht etwa aufgehoben wurde, sondern seine eschatologische Erfüllung gefunden hat. Auch dies ist eine geschichtliche Vorgabe für die theologische Interpretation Jesu gemäß dem biblischen Zeug-

nis. Die Einbindung der Jesus-Geschichte in die Glaubensgeschichte Israels gehört zu den bemerkenswerten Stärken
der Jesus-Interpretation Ratzingers. Sie führt exemplarisch
aus, was in dem Dokument der Päpstlichen Bibelkommission von 2001 „Das jüdische Volk und seine Heilige Schrift in
der christlichen Bibel" grundgelegt worden ist.

III

Auch wenn die Jesus-Darstellung Ratzingers biblisch-chro-
nologisch aufgebaut ist, so geht sie doch von einer theologischen Gesamtdeutung der Jesus-Geschichte aus, die sich
erst im Rückblick von Jesu Kreuz und Auferstehung her
ergeben kann. Darin folgt sie dem Ansatz und der „Schreib-
richtung" der neutestamentlichen Evangelien. Auch diese
setzen ja den Osterglauben ihrem jeweils ersten Satz im
wörtlichen Sinn vor-aus, indem sie in Überschriften oder
Einführungswendungen (z.B. Mk 1,1: „Anfang des Evangeliums von Jesus Christus, dem Sohn Gottes.") das Ende,
den Ausgang des Geschehens an den Anfang ihrer Erzählungen stellen, um dann die Jesus-Geschichte sozusagen
noch einmal von vorn zu erzählen. Mit Blick auf das Johannesevangelium kann Ratzinger diesen Zirkel von Erinnern,
Erzählen und Verstehen aus der Perspektive des Glaubens
folgendermaßen beschreiben: „Die Auferstehung weckt das
Erinnern, und das Erinnern im Licht der Auferstehung lässt
den Sinn des vorher unbegriffenen Wortes erscheinen und
stellt es wieder in den Zusammenhang der ganzen Schrift …
Dieses Erinnern ist ein vom Heiligen Geist geführtes Verstehen; erinnernd tritt der Glaubende in die Tiefendimension
des Geschehenen ein und sieht, was zunächst und bloß äußerlich nicht zu sehen war. Aber so entfernt er sich nicht
von der Wirklichkeit, sondern erkennt sie tiefer und sieht so
die Wahrheit, die sich im Faktum verbirgt." (274f)

Wenn also im 1. Kapitel die Taufe Jesu behandelt wird, so ist darin doch sogleich von der Bedeutung dieses Geschehens im Rahmen der Gesamtheit des Wirkens Jesu die Rede. Dem bei Matthäus in die Taufszene eingeschobenen Dialog zwischen Jesus und dem Täufer folgend, interpretiert Ratzinger das Wort Jesu von der Erfüllung der „ganzen Gerechtigkeit" (Mt 3,14) als Vorverweis auf den Kreuzestod in seiner Sühne schaffenden Bedeutung. Der gleiche Blickwinkel ist vorausgesetzt, wenn der Täufer nach dem Johannesevangelium Jesus als „Lamm, das die Sünde der Welt hinweg nimmt" erkennt und bezeichnet (Joh 1,29) oder wenn alle vier Evangelien in jeweils unterschiedlicher Weise Jesus im Zusammenhang mit der Taufe als Sohn Gottes bezeichnen. Erst vom Kreuzesgeschehen her erhält die Taufe Jesu ihre volle Bedeutung, kann also auch von dort her erst ganz und recht verstanden werden. Gleichwohl handelt es sich um einen Vorgang aus dem geschichtlichen Leben Jesu, näherhin aus der Anfangszeit seines öffentlichen Wirkens, in der auch nach Ratzingers Darstellung Jesus selbst der konkrete Ausgang seines irdischen Lebens schwerlich schon vor Augen gestanden haben kann.

Das Erfassen des Geschehens der Taufe Jesu, die Erschließung ihres Sinnes kann also nicht auf dem Wege einer historischen Rekonstruktion erfolgen, die bewusst hinter das Ganze der Jesus-Geschichte zurück geht und gezielt deren Ende ausblendet. Die biblischen Texte lassen uns vielmehr „die innere Einheit seines Lebens bis hin zu Kreuz und Auferstehung erkennen" (51). Ein Verstehen der vollen geschichtlichen Bedeutung der Taufe Jesu durch Johannes und ihres vollen theologischen Sinnes kann es nur im Rückblick auf den Geschehenszusammenhang als ganzen, also letztlich in einer Glaubensperspektive geben, die sich selbst von diesem Geschehen her neu versteht.

IV

Auch die Verkündigung Jesu kann nicht von der Identität des Verkündigers und von seinem Anspruch, Gott selbst zu repräsentieren, gelöst werden. „Die neue Nähe des Reiches, von der Jesus spricht und deren Ausrufen das Unterscheidende seiner Botschaft ist – diese neue Nähe besteht in ihm selbst." (90) Bei der Verkündigung Jesu handelt es sich nicht einfach um eine Lehre, sondern um ein Geschehen, um Wirklichkeit in Raum und Zeit, somit um geschichtliches Handeln. „Jesus verkündet, indem er vom Reich Gottes spricht, ganz einfach Gott, und zwar Gott als den lebendigen Gott, der in der Welt und in der Geschichte konkret zu handeln imstande ist und eben jetzt handelt." (85)

Wie konkret, ließe sich etwa an den Heilungen Jesu zeigen. Im vorliegenden ersten Teil der Jesus-Darstellung Ratzingers finden sie sich freilich allenfalls am Rande, obwohl sie doch zentraler Bestandteil des Jesus-Bildes der Evangelien wie unseres Wissens vom geschichtlichen Wirken Jesu sind. Jesu Heilen ist nicht weniger als seine Verkündigung vom Reich Gottes Ausdruck der Gegenwart Gottes bei den Menschen, die Jesus begegnen. Denn es dient der zeichenhaften Wiederherstellung des Gottesvolkes, wie es die Propheten Israels für die eschatologische Heilszeit verheißen haben (vgl. Jes 35,5f; Ps 146,7f). Es ist zu wünschen, dass dieser Aspekt im zweiten Teil des Werkes im Rahmen der Darstellung des Weges und des Geschicks Jesu noch gebührend zur Geltung gebracht wird.

Stark zur Geltung gebracht wird demgegenüber schon im vorliegenden Band die Lehre Jesu, die mehr ist als bloß ein Reden. In der Bergpredigt mit ihrem Zentrum, dem Vaterunser, ebenso wie in den Gleichnissen Jesu begegnet immer er selbst als „Sohn des Vaters", als Repräsentant Gottes bei und gegenüber den Menschen. Seine Lehre ist zugleich Ruf in seine Nachfolge und kann daher nur „im Mitgehen mit ihm verstanden und gelebt werden" (98). Die Seligpreisungen stehen da „wie eine verhüllte innere Biographie Jesu, wie ein Porträt seiner Gestalt" (104). Überhaupt ist „die Bergpredigt eine verborgene Christologie" (130). Als Kern der Auseinandersetzung um den Sabbat erscheint „die Frage nach dem Menschensohn – die Frage nach Jesus Christus selbst" (143), und in der Brot-Bitte des Vaterunser kann man, wenn man die Botschaft Jesu als Ganzheit nimmt, die eucharistische Dimension nicht streichen, nach welcher der Menschgewordene sich uns im Sakrament gibt (190f). Auch Jesu Gleichnisse werden „als verborgene und vielschichtige Einladungen zum Glauben an ihn als das ‚Reich Gottes in Person'" verstanden (227). Vom Jesuswort über den Sinn der Gleichnisse her (Mk 4,12 parr) erweist sich als ihr verborgener Fluchtpunkt das Kreuz. „Am Kreuz werden die Gleichnisse entschlüsselt … So sprechen die Gleichnisse verborgen vom Geheimnis des Kreuzes; sie sprechen nicht nur davon – sie gehören ihm selbst zu." (230)

Solche Einsichten hängen nicht an exegetischen Einzelentscheidungen oder Zuschreibungen von Worten oder Phänomenen an den „historischen Jesus". Sie entsprechen vielmehr dem Zusammenhang, in den Worte und Wirken, Weg und Geschick Jesu in den Evangelien gestellt sind, und folgen somit aus dem hermeneutischen Ansatz, den Ratzinger gewählt hat, „die Bibel, und insbesondere die Evangelien, als Einheit und als Ganzheit (zu) lesen, die in all ihren historischen Schichtungen doch eine von innen her zusammenhängende Botschaft ausdrückt" (230). Eine Auseinandersetzung über historisch-exegetische Urteile zu einzelnen Texten bzw. Überlieferungen, so sinnvoll und nötig sie in anderen Zusammenhängen sein mag, liefe als Kritik an seiner Darstellung daher ins Leere.

V

Einer Tendenz folgend, die entgegen seinem Eindruck durchaus auch in Teilen der neueren Fachexegese beobachtbar ist, sieht Ratzinger in den Menschensohn-Worten der Jesus-Überlieferung den wichtigsten Schlüssel zu den Selbstaussagen Jesu. Darüber hinausgehend misst er dem absoluten Ausdruck „der Sohn" (im Unterschied zum christologischen Titel „Sohn Gottes") besonderes Gewicht als Selbstbezeichnung Jesu zu, wofür neben dem „Heilandsruf" (Mt 11,27 par Lk 10,22) das Zeugnis des Johannesevangeliums entscheidend ist. Die Gemeinschaft zwischen Jesus und Gott erscheint hier als Erkenntnisgemeinschaft, Seinsgemeinschaft und Willensgemeinschaft.

Damit erschließt sich Ratzinger das Geheimnis des Wirkens Jesu, der Gemeinschaft Jesu mit Gott, wesentlich aus der johanneischen Christus-Darstellung. Das hängt sicher auch mit seiner Beurteilung der „johanneischen Frage" zusammen (260–280), stärker aber noch mit seinem hermeneutischen Ansatz. Denn zwar werde „im Johannes-Evangelium ... mit besonderem Nachdruck herausgestellt, dass Jesus ganz einwilligt in den Willen des Vaters". Aber ebenso bestimme dieser Gedanke auch das Beten Jesu in der Ölberg-Szene (Mk 14,26–31 parr), die wiederum mit der zweiten Vaterunser-Bitte in Zusammenhang gebracht werden müsse (Mt 6,10b). „In ihr bitten wir darum, dass das Drama des Ölbergs, des Ringens von Jesu ganzem Leben und Wirken sich an uns vollendet, dass wir mit ihm, dem Sohn, ein-willigen in den Willen des Vaters und so selbst Söhne werden: in der Willenseinheit, die Erkenntniseinheit wird." (392)

Wer solchen biblisch-theologischen Reflexionen schulmeisterlich mit Proseminarargumenten gegen die Vermischung von Quellen und Traditionsschichten begegnen wollte, würde an der Sache und dem Anliegen des Autors völlig vorbeigehen. Vielmehr dienen sie dazu, Begegnung mit Jesus im Wort und durch das Medium der Heiligen Schrift zu ermöglichen.

VI

Joseph Ratzinger hat damit weit mehr vorgelegt als ein Buch über den „historischen Jesus". Wenn für Martin Kähler „der wirkliche Christus ... der gepredigte Christus" ist[2], so wird man von Ratzingers Jesus-Buch sagen können, der wirkliche Jesus ist für ihn der von Kreuz und Auferstehung her im Glauben der Kirche erinnerte und vergegenwärtigte Jesus. Hier zeigen sich bei prinzipiell verwandtem theologischem Anliegen durchaus unterschiedliche, wohl auch konfessionell bedingte Akzente. Wie Kähler hält aber auch Ratzinger mit allem Nachdruck daran fest, dass dieser Jesus der geschichtliche Christus ist und nicht irgendein rekonstruierter „historischer Jesus". Denn in und mit diesem biblischen Christus handelt Gott selbst in der Geschichte. So wie mit Blick auf Kähler wird man auch mit Blick auf Ratzinger das hier vorausgesetzte Geschichtsverständnis weiter diskutieren müssen, eine Aufgabe für Bibelwissenschaftler und Dogmatiker gleichermaßen.

Auch wenn der Autor ausdrücklich feststellt, dass sein Buch „in keiner Weise ein lehramtlicher Akt ist" (22), kann nicht davon abgesehen werden, dass er auf herausragende Weise in kirchenleitender Verantwortung steht und spricht. Nach evangelischem Verständnis wurzelt rechte Kirchenleitung im Evangelium und bezieht ihre Autorität aus der Schrift, an der sie sich immer wieder messen lassen muss. Wenn im Bemühen um die verstehende Vergegenwärtigung der Gestalt Jesu von Nazareth, wie sie die Heilige Schrift bezeugt, ein gemeinsames Verständnis des Evangeliums entsteht, kommt es zur Gemeinschaft in der einen Kirche

Jesu Christi. Das Jesus-Buch Joseph Ratzingers, des Papstes Benedikt XVI., kann ich als evangelischer Theologe als ein solches Bemühen um ein gemeinsames Verständnis des Evangeliums lesen und nachvollziehen. Eine derartige Gestalt von Kirchenleitung durch das Wort der Heiligen Schrift verdient aus evangelischer Sicht Anerkennung. Das Jesus-Buch des Papstes hat hierin sein ökumenisches Potential.

Anmerkungen

[1] M. Kähler, *Der sogenannte historische Jesus und der geschichtliche, biblische Christus*, neu hg. v. E. Wolf, München 1961, 16.
[2] A.a.O., 44.

Rehistorisierung der Christologie?

Anmerkungen zu einem angestrebten Paradigmenwechsel

von Dieter Sänger

Die sprichwörtlich gewordene Sentenz des Abbé de Grècourt „Roma locuta, causa finita", in der sich oft genug und bis in die jüngste Gegenwart hinein ein Unbehagen an Stil, Inhalt und Absicht päpstlicher Verlautbarungen artikultierte, mag im Einzelfall ihre Berechtigung haben. Auf das Jesusbuch des Papstes trifft sie sicher nicht zu. Im Gegenteil! Sein Anliegen ist eindeutig und in jeder Hinsicht zu begrüßen: Es will ein Gespräch eröffnen, nicht deklaratorisch beenden. Schon die Verfasserangabe lässt keinen Zweifel daran aufkommen. Noch vor dem Nomen impositum Benedikt XVI. steht der bürgerliche Name Joseph Ratzinger. Diese Selbstbescheidung, die der Komplexität des Themas ebenso Rechnung trägt wie seiner existentiellen Tiefendimension, ist ein Kennzeichen des Buches und bestimmt seinen Tenor. Insofern hat der bewusste Verzicht, es mit dem Siegel päpstlicher Autorität zu versehen, durchaus programmatischen Charakter. Eingangs wird denn auch ausdrücklich erklärt, das Buch sei „in keiner Weise ein lehramtlicher Akt ..., sondern einzig Ausdruck meines persönlichen Suchens ‚nach dem Angesicht des Herrn' (vgl. Ps 27,8)". Widerrede ist legitim und wird einkalkuliert (22). Zu unterstellen, diese Bemerkung diene vor allem der Besänftigung notorischer Kritiker und solle lediglich die in Wahrheit beanspruchte Interpretationshoheit über die Texte irenisch verschleiern, wie bisweilen schon zu hören ist, grenzt an Böswilligkeit.

1. Das Problem

Mit seiner an die Vertreter der theologischen Zunft – aber nicht nur an sie – adressierten Einladung, gemeinsam und ohne vorgängige Fixierung auf präjudizierende methodische Grundentscheide dem Personengeheimnis Jesu von Nazareth nachzuspüren, klinkt sich der Papst in eine Diskussion ein, die von konzeptioneller Vielfalt und positionellen Differenzen geprägt ist. Ohne auf den Verlauf und aktuellen Stand der Debatte näher einzugehen, hegt der Papst eine tiefe Skepsis, ob sie ihrem Gegenstand gerecht geworden ist.

Die bisherige Jesusforschung, soweit sie primär am historisch Fassbaren interessiert ist, sieht er in einer Aporie befangen. Ihre Grundannahme, erst eine kritische Analyse der kerygmatisch überformten Überlieferung führe zur ältesten Jesustradition, wirke sich dysfunktional aus. Denn dadurch werde die in den Evangelien begegnende Gestalt Jesu von vornherein zu einer ungeschichtlichen Abstraktion erklärt und ihr jede Historizität abgesprochen. Die Konsequenzen seien fatal. Statt sein wahres Gesicht zu zeigen, rücke der historische Jesus in weite Ferne und verliere „immer mehr an Kontur" (10). Übrig bleibe ein hinter hypothetisch erschlossenen Überlieferungsschichten sich verbergendes exegetisches Konstrukt, während der konkrete Mensch Jesus verschwinde. Er verflüchtige sich im unzugänglichen Dunkel „anonymer Gemeindebildungen" (21) und werde damit nolens volens vom „Christus des Glaubens" distanziert.

An diesem Punkt setzt der Papst an, indem er die Koordinaten neu justiert und für eine Hermeneutik des Einverständnisses mit den Texten plädiert. Jenseits konfessionell geprägter Deutemuster und neuzeitlicher Rekonstruktionen, „die weit mehr Fotografien der Autoren und ihrer Ideale sind als Freilegung einer undeutlich gewordenen Ikone" (11), möchte er „den Jesus der Evangelien als den wirklichen Jesus, als den ‚historischen Jesus' im eigentlichen Sinn" (20) darstellen.

2. Die Diagnose

Angesichts der als „dramatisch" empfundenen Situation, dass zunehmend unsicher werde, ob der eine mit dem anderen überhaupt noch etwas zu tun habe, erscheint dem Papst eine Revision des Geltungsanspruchs der angewandten Methode unausweichlich. Sein Alternativprogramm zielt auf einen Paradigmenwechsel und stellt den (relativen) Konsens ganzer Forschergenerationen in Frage. Als kollektives Manko diagnostiziert er eine Vorurteilsstruktur, die im Wesentlichen eine Ursache hat: Die Dominanz der historischen Kritik im Vollzug der exegetischen Arbeit. Problematisiert werden jedoch nicht ihre geschichtsphilosophischen und erkenntnistheoretischen Implikationen, wie vielleicht zu erwarten wäre; problematisiert wird das Vertrauen in ihre Fähigkeit, zu leisten, was sie leisten soll: den Texten theologisch gerecht zu werden und einen sachgemäßen Zugang zu ihnen zu eröffnen. Auf dem Prüfstand steht also nicht die Legitimität der historischen Kritik als solche. Ihr originäres Anliegen, Anwalt der Texte zu sein und sie vor ideologischer Bevormundung und subjektiver Willkür zu schützen, macht sich der Papst uneingeschränkt zu eigen. Für die exegetische Arbeit sei sie sogar theologisch „unverzichtbar", weil sie sich auf das „tatsächliche[] Hereintreten Gottes in die reale Geschichte" beziehe und insofern der „Struktur des christlichen Glaubens" entspreche (14). In diesem ständigen Verweisbezug auf das „Factum historicum" (14) erblickt der Papst ihre zentrale Aufgabe, aber auch die ihr gesetzte Grenze. Indem sie „ihrem Wesen nach" (15) auf Vergangenes referiere, ja um ihrer selbst willen sich darauf konzentrieren *müsse*, enthalte die historische Kritik *per definitionem* ein reduktionistisches Moment, das den Aussagewillen der Texte limitiere. Statt dass sie ihre „inneren Potentialitäten" entfalten und sich für neue Erfahrungen öffnen könnten (17), würden sie methodisch domestiziert und der Vergangenheit übergeben. Die Stärke der historischen Kritik, den Glauben zu erden und an ein wirkliches Geschehen zurückzubinden, erweise sich damit zugleich als ihre entscheidende Schwäche. Da sie aufgrund der ihr gesteckten Grenzen „das Menschenwort als menschliches" zum „eigentliche[n] Gegenstand" (16) habe, könne sie das in ihm vernehmbare „Größere" (17) weder aufklingen lassen noch seinen „im Prozess der Glaubensgeschichte" gereiften „inneren Mehrwert" (18) entbergen. Einerseits wird also der historisch-kritischen Methode unmittelbare theologische Relevanz attestiert, andererseits ihre Leistungsfähigkeit aus theologischen Gründen relativiert. Wie kann aber beides gelingen: den Texten ihr Wort zu belassen und sie nicht ins historische Abseits zu stellen, ohne gleichzeitig die für unverzichtbar erklärte Aufgabe der historischen Kritik zu beschneiden? Die Antwort des Papstes: Durch ihre Integration in ein übergreifendes Konzept, das über die pure Faktizität des einmal Gewesenen hinausführt und die Diastase von realer und erinnerter Geschichte, historischer und gegenwärtiger Wirklichkeit im Blick auf die Gestalt Jesu zu überwinden vermag.

3. Die Therapie

Zu Recht insistiert der Papst darauf, dass eine Antwort auf die Frage, wer der geschichtliche Jesus war und als was er für die Glaubenden zu gelten hat, sich an der Grundlage orientieren muss, die allen Christen verbindlich vorgegeben ist: an den biblischen Schriften und dem Geschehen, das sie bezeugen. In erster Linie ist hier natürlich an die Evangelien gedacht. Das wird auch kaum jemand bestreiten, sieht man einmal von denen ab, die – oft verbunden mit einer Tendenz zu extremer Frühdatierung – den Quellenwert der außerkanonischen Zeugnisse wesentlich höher einschätzen als zumeist üblich. So wenig dieser im Prozess historischer Sinnbildung und theologischer Reflexion Priorität beanspruchende Bezugsrahmen zur Disposition gestellt werden kann, weil er seinerseits als Vermittlungsinstanz zwischen den Ereignissen und den sie repräsentierenden Erzählungen fungiert, so gewiss gilt auch: Niemandem bleibt erspart, nach dem Maße seiner Einsicht über die historische Plausibilität und innere Stimmigkeit des – jetzt speziell in den Evangelien – Berichteten zu urteilen.

An diesem Postulat festzuhalten heißt freilich nicht, erneut dem Irrtum zu erliegen, man könne zu objektiven Urteilen über den „realen" Jesus gelangen. Diese Annahme hat sich bereits im Historismus als falsch erwiesen. Wohin sie schließlich führte, hat Albert Schweitzers brillante Analyse der liberalen Leben-Jesu-Forschung gezeigt: in einen radikalen Subjektivismus. Die mit Hilfe des traditionellen analytischen Instrumentariums gewonnene historische Erkenntnis – präziser noch: die vom erkennenden Subjekt dem Erkenntnisgegenstand zugeschriebene historische Bedeutung – und ihre theologische Aneignung müssen freilich nicht zwingend in einem unlöslichen Spannungsverhältnis zueinander stehen. Für den Papst deshalb nicht, weil er die historische Kritik in sein Konzept einer „kanonischen Exegese" integriert und sie in diesem Kontext als ein – wenngleich notwendiges – methodisches Verfahren begreift, das sich seinem Wesen nach selbst limitiert und „eine innere Offenheit auf ergänzende Methoden in sich trägt" (16). Dadurch, dass die historische Kritik den „Mehrwert" der Texte zu „erahnen" vermag, ohne ihre Tiefendimension jedoch wirklich erfassen zu können (15f), öffnet sie sich für eine ihre methodischen Grenzen transzendierende kanonische Lektüre, die statt zu atomisieren das *Ganze* der Schrift in *allen* seinen Teilen wahrnimmt. Im Hintergrund der vom Papst intendierten theologischen Exegese (18) steht ein am so genanten „canonical approach" orientiertes biblisch-theologisches Programm, das den Kanon als ein kohärentes Sinngefüge versteht und seine innere Einheit betont (17). Wenn er in diesem Zusammenhang auf die gleichlautende Forderung der „Dogmatischen Konstitution über die Göttliche Offenbarung" verweist (vgl. *Dei Verbum* 21), sei ergänzend auch an M. Luther erinnert, der bekanntlich Wort Gottes, Schrift und Geist als Einheit fasste.

Nun sind Schriftwerdung und Kanonwerdung zwar nicht identisch, aber doch prinzipiell aufeinander bezogen. Die Rede von der inneren Einheit der Schrift bringt zweierlei zur Sprache und auf den Begriff: zum einen den „komplexe[n] Vorgang der Aufnahme, Fortschreibung und Rekontextualisierung von Worten, Texten, Überlieferungen oder gar Büchern"[1], zum anderen die Vieldimensionalität und Multiperspektivität der in den alt- und neutestamentlichen Texten rezipierten oder von ihnen evozierten Sinnzusammenhänge.

Eine Autonomie des Verstehens gibt es nicht. Der Papst weiß das nur zu gut. Und er ist sich durchaus bewusst, dass auch er mit einem Präjudiz operiert. Sein Plädoyer für eine kanonische bzw. theologische Exegese setzt eine „christologische Hermeneutik", mithin einen „Glaubensentscheid" voraus, der „in Jesus Christus den Schlüssel des Ganzen sieht" (18). Nur so ist es überhaupt möglich, dann aber auch konsequent, ja unumgänglich, das Neue Testament als offen zum Alten Testament hin auszulegen. Und umgekehrt gilt: Das Alte Testament stellt für die Christen von Beginn an die Bedingung der Möglichkeit dar, ihre Heilserfahrungen *theo*logisch zu deuten und ihr Christusbekenntnis im Horizont der in seinen Schriften bezeugten Verheißungsgeschichte zu interpretieren. Die „kanonische Dialogizität" der zweigeteilten christlichen Bibel kommt nicht zuletzt in den – impliziten wie expliziten – wechselseitigen Verweisbezügen beider Testamente zum Ausdruck. Sie werden vom Papst denn auch ständig aktiviert und auf ihr Sinnpotential hin befragt. Auf diese Weise gelingt es ihm, und das ist zweifellos ein Vorteil seines methodischen Ansatzes, das „Ganze[] von Gesetz und Propheten" (383) als unabdingbare Voraussetzung für ein sachgemäßes Verständnis der Person Jesu zu rehabilitieren (154.289.398ff u.ö.).

4. Anfragen

Der Papst ruft in seinem Buch energisch zur Sache und das heißt: *ad fontes*. Soweit damit gemeint ist, dass – allgemein formuliert – um die gegenwärtige Bedeutung geschichtlicher Wirklichkeit, wie sie uns in den biblischen Texten sprachlich kodiert begegnet, theologisch sinnvoll nur gestritten werden kann, wenn diesen ihre kriteriologische Funktion als hermeneutische Kategorie und Verstehensregulativ belassen wird, stimme ich ihm zu. Dabei mag es hier auf sich beruhen, welche Bedeutung darüber hinaus noch „der lebendigen Überlieferung der ganzen Kirche" (17) zukommt, da zunächst geklärt werden müsste, in welchem Verhältnis diese Überlieferung zur grundlegenden *traditio apostolica* steht. Meine Anfragen konzentrieren sich auf zwei Punkte. Sie betreffen a) die Kritik an der historischen Kritik und b) den angestrebten Paradigmenwechsel.

a) Ich bin skeptisch, ob der historisch-kritischen Methode Gerechtigkeit widerfährt. Ein wesentlicher und sie vom Ansatz her kennzeichnender Aspekt bleibt völlig ausgespart. Dass sie den historischen Abstand zu Jesus von Nazareth ins Bewusstsein hebt, ist nicht zu leugnen. Aber indem sie ihn als eine geschichtliche Wirklichkeit wahrnimmt, die nur um den Preis, Wirklichkeit mit Realität zu identifizieren, von unserer Wahrnehmung von Wirklichkeit abgekoppelt werden kann, bleibt sie in der Vergangenheit nicht stehen, sondern stiftet ihr die Frage nach Sinn und Bedeutung des Vergangenen ein. Wäre es anders, gäbe es auch keine Erinnerung daran[2]. Die theologische Leistungsfähigkeit der historischen Kritik ist unterbestimmt, wird ihr Wesen darauf reduziert, die Texte und die in ihnen zur Sprache gebrachte Wirklichkeit von der Gegenwart zu distanzieren. Dass sie gleichwohl dazu nötigt, zwischen dem in den Evangelien Berichteten und den tatsächlich geschehenen Ereignissen zu differenzieren, ist kein ihr anhaftender Mangel, sondern in Wahrheit ihre Stärke. Denn dadurch, dass sie den Realitätsbezug der Texte und die in sie eingeschriebene theologische Bedeutung des Geschehenen zu unterscheiden gelehrt hat, drängt sie zugleich darauf, die oft als dilemmatisch empfundene Verschränkung von Geschichte und Kerygma, von historischer Erinnerung und theologischer Deutung auch hermeneutisch ernst zu nehmen. Deshalb wäre die Absicht der historischen Kritik im Kern verfehlt, würde sie methodologisch verabsolutiert. Gerade aufgrund ihres Text- und Geschichtsbezugs, der sowohl die *intentio auctoris* als auch die *receptio lectoris* als traditionsbildenden und –verändernden Faktor wahrnimmt, bleibt sie „prinzipiell offen gegenüber neuen, methodisch reflektierten Fragestellungen, ist [sie] weder endgültig abgeschlossen noch abschließbar"[3]. Dieser wichtige Sachverhalt findet in der Methodenreflektion des Papstes keine Berücksichtigung. Entsprechend fehlen auch Überlegungen, welche Relevanz die Erfahrung des Lesers für die Wahrheit eines Textes und die Intention des Autors für den Sinn eines Textes hat.

b) Die Grundfrage lautet: Wer ist Jesus? In weiten Teilen vor allem der von R. Bultmann bestimmten deutschsprachigen Exegese galt Jesusforschung als theologisch delegitimiert. Zwar wurde auch von ihr eine gewisse historische Kontinuität zwischen Jesus und dem nachösterlichen Christusglauben nicht bestritten. Aber theologisch erschien sie bedeutungslos und historisch suspekt. Inzwischen ist deutlich geworden, dass diese historische und theologische Skepsis revisionsbedürftig ist. Stichworte wie explizite, evozierte oder implizite Christologie signalisieren diesen Umschwung. Sie zeigen an, dass die titulare Verwendung etwa der Begriffe „Menschensohn" und „Messias" oder der von Jesus an sein eigenes Wirken gebundene Anbruch der Gottesherrschaft einen Hoheits- und Vollmachtsanspruch widerspiegeln, der zum irdischen Jesus zurückführt. Mit anderen Worten, zwischen der Verkündigung Jesu und der später sich entwickelnden Christologie gibt es zwar eine durch Karfreitag und Ostern gesetzte Zäsur, aber keinen sachlichen Gegensatz. Man wird also nicht pauschal und ohne diesen Tatbestand zu registrieren sagen dürfen, *die* moderne Jesusforschung habe zu einer Infragestellung der Christologie beigetragen und die Kluft zwischen dem vorösterlichen Jesus und dem, was nach Ostern von Jesus als dem Christus und Gottessohn gesagt wird, vertieft. Vielmehr ist es umgekehrt. Weil sie erkannt hat, dass es theologisch und aufgrund der Quellenlage auch historisch unangemessen ist, beide gegeneinander auszuspielen, wird von ihr die Frage, ob „das Christusbild der Evangelien ... in einer zumindest ‚wirkungsplausiblen' Kontinuität zu Jesu ureigenem Anspruch"[4] steht, zunehmend positiv beantwortet.

Doch der Papst will mehr. Erweisen zu können, dass die Christologie einen Anhalt am historischen Jesus hat, reicht ihm nicht. Sein Entwurf zielt darauf ab, die Christologie im Leben Jesu zu fundieren, das heißt den Jesus der Evangelien mit dem „wirklichen" Jesus zu identifizieren, der sich selbst schon als Messias und Gottessohn bezeichnet habe und von seinen Jüngern auch so angeredet worden sei (368f.371.389

u.ö.). Richtig ist, dass Jesus in keine der gängigen Kategorien wie charismatischer Wundertäter, Prophet, Weisheitslehrer, Rabbi usw. passt. Es ist nicht zuletzt das Verdienst der historischen Kritik, die Grenzen der Vergleichbarkeit deutlich gemacht zu haben. So gewiss eine kanonische Exegese die Vieldimensionalität und Multiperspektivität der in den Evangelien hergestellten intertextuellen Bezüge zum Alten Testament erhellen und so dazu verhelfen kann, die Tiefenstrukturen des allen Evangelien gemeinsamen Christuszeugnisses biblisch-theologisch zu profilieren, so wenig gelangt sie hinter die sprachlich kodierte Wirklichkeit der in ihren Erzählungen vergegenwärtigten Jesus-Christus-Geschichte zurück. Der Versuch, den Jesus *der* Evangelien als den wirklichen Jesus darzustellen (ist er dann nicht selbst ein im Additionsverfahren gewonnenes Konstrukt?), geht mit einer Rehistorisierung der Christologie einher und läuft damit Gefahr, theologisch zu minimieren, was Karfreitag und Ostern zu einem unerwarteten *Novum* hat werden lassen. Das ist keineswegs die Absicht des Papstes, wie jede Seite des Buches zu erkennen gibt, aber meines Erachtens eine kaum zu vermeidende Konsequenz.

Die Evangelien geben Kunde von „Jesus Christus, dem Sohn Gottes" (Mk 1,1) und laden ein, dieser Kunde Glauben zu schenken, damit wir „Leben [haben] in seinem Namen" (Joh 20,30). Das schließt Kleinglaube und Zweifel ein, weil der Glaube keinen Objektbezug hat. Er liegt einzig in dem *Extra nos* des Handelns Gottes begründet: der Auferweckung des Gekreuzigten. Das muss genügen – und es genügt.

Anmerkungen

[1] B. Janowski, *„Verstehst du auch, was du liest?"*. *Reflexionen auf die Leserichtung der christlichen Bibel*, in: ders., *Der Gott des Lebens. Beiträge zur Theologie des Alten Testaments 3*, Neukirchen-Vluyn 2003, 351–389: 382.

[2] Vgl. E. Reinmuth, *Hermeneutik des Neuen Testaments* (UTB 2310), Göttingen 2002, 26–28.

[3] W.H. Schmidt, *Grenzen und Vorzüge historisch-kritischer Exegese. Eine kleine Verteidigungsrede*, in: ders., *Vielfalt und Einheit alttestamentlichen Glaubens*, Bd. 1, hg. v. A. Graupner u.a., Neukirchen-Vluyn 1995, 21–33: 23.

[4] J. Frey, *Der historische Jesus und der Christus der Evangelien*, in: J. Schröter – R. Brucker (Hg.), *Der historische Jesus* (BZNW 114), Berlin/New York 2002, 273–336: 297.

Die Offenbarung der Vernunft Gottes in der Welt.

Zum Jesusbuch von Joseph Ratzinger

von Jens Schröter

1. Vernunft und Glaube

Die historisch-kritische Jesusforschung basiert auf der Unterscheidung zwischen dem Wirken und Geschick Jesu auf der einen, seiner Deutung in den urchristlichen Schriften auf der anderen Seite. Bücher mit dem Titel „Jesus von Nazareth" setzen diese Unterscheidung für gewöhnlich voraus und entwerfen auf ihrer Grundlage Konturen der Person Jesu von Nazareth. Der Ausdruck „historischer Jesus" bezeichnet dabei also ein mit den Mitteln historischer Kritik gezeichnetes Bild dieser Person in ihrem historischen Kontext.

Obwohl auch Joseph Ratzingers Buch den Titel „Jesus von Nazareth" trägt, unterscheidet es sich in seinen methodischen und exegetischen Voraussetzungen in signifikanter Weise von einem solchen Zugang. Bereits im Vorwort wird konstatiert, die historisch-kritische Forschung habe zu dem Ergebnis geführt, wir wüssten nur wenig Sicheres über Jesus. Dies sei „dramatisch für den Glauben", weil so „dessen eigentlicher Bezugspunkt unsicher wird". Als „Konstruktionspunkt" seines Buches benennt Ratzinger demgegenüber, dass er „Jesus von seiner Gemeinschaft mit dem Vater her" sehen möchte, weil nur so „die eigentliche Mitte seiner Persönlichkeit" verständlich werde (1).

Das Vexierproblem der historisch-kritischen Jesusforschung – die Verhältnisbestimmung von „historischem Jesus" und „Christus des Glaubens" – wird hier demnach so gelöst, dass beide Sichtweisen miteinander identifiziert werden. Das Bekenntnis zur Wesenseinheit von Gott und Jesus erhält dadurch den Status einer Aussage über den „wahren, ‚historischen' Jesus". Die Berechtigung der eingangs genannten Unterscheidung wird damit prinzipiell in Frage gestellt. In der Konsequenz erscheint die Entstehung des christlichen Glaubens nicht mehr als Ergebnis eines historischen Prozesses, in dem sich die Deutungen des Wirkens Jesu in den neutestamentlichen Schriften in Bekenntnisformulierungen der frühen Kirche verdichteten, sondern als Erkenntnis einer geoffenbarten Wahrheit über die rationale Struktur der Welt.

„Historischer Jesus" meint hier folglich etwas grundsätzlich anderes als im oben genannten Verständnis. Wird in der historisch-kritischen Jesusforschung auf der Grundlage kritischer Quellenauswertung ein Bild Jesu gezeichnet, so arbeitet Ratzinger mit einem anderen Verständnis von Geschichte. Er erkennt das Recht der historischen Forschung zwar ausdrücklich an, sieht ihre Grenze jedoch darin, dass sie die in den biblischen Schriften zum Ausdruck kommende Wahrheit – das Hereintreten Gottes in die Geschichte – nicht zur Sprache bringt, sondern sie lediglich als Menschenwort behandelt. Das sei deshalb ungenügend, weil damit der besondere Status der biblischen Schriften als inspirierter Texte nicht beachtet werde. Wenn Ratzinger formuliert, dass er „den Evangelien traue" (20), bezieht sich das darum auch nicht nur auf deren historische Zuverlässigkeit, sondern zugleich auf ihren „Mehrwert", nämlich die in ihnen zum Ausdruck gebrachte Wahrheit, dass Jesus als Mensch zugleich Gott war.

Die zentrale These des Buches lautet folgerichtig, dass Jesus Gott gebracht hat, ja selbst Gott ist. Zwar gebe es vorläufige Enthüllungen Gottes in der Geschichte Israels, und auch in den anderen Religionen könne es verborgene Wahrheiten geben. Die vollständige, wahre Offenbarung Gottes sei jedoch erst in Jesus Christus geschehen.

Diese Sicht steht auch im Zentrum der Schriftauslegungen des Buches. So werde etwa in der Bergpredigt deutlich, dass Jesus selbst „die lebendige Tora Gottes" ist, in den Gleichnissen verweise er auf das Geheimnis seiner eigenen Person, sein Wesen werde in den „großen johanneischen Bildern" entfaltet.

Zugrunde liegt dem eine spezifische Verhältnisbestimmung von Vernunft und Glaube. Diese hatte Ratzinger bereits in seiner Regensburger Rede entfaltet, in der er von einer Korrespondenz zwischen biblischem Gottesbegriff und griechischem Denken sprach, die verdeutliche, dass das „kritisch gereinigte griechische Erbe wesentlich zum christlichen Glauben" gehöre. Die Theologie müsse deshalb den mit der Reformation einsetzenden Wellen der „Enthellenisierung" entgegenwirken und gegenüber einer „selbstverfügte[n] Beschränkung der Vernunft" eine „Ausweitung unseres Vernunftbegriffs und -gebrauchs" einfordern, der auch für das Göttliche offen sei.

Dieser Ansatz bildet auch die Grundlage seiner Jesusdarstellung. In Jesus, so heißt es an einer aufschlussreichen Stelle des Buches, sei die Welt „in ihrer Rationalität dargestellt" (211). Die Offenbarung Gottes in Jesus Christus habe die antike Welt von der „alles durchwaltenden Dämonenfurcht" befreit und den vielen so genannten Göttern den einen wahren Gott und den einen Herrn Jesus Christus gegenübergestellt. In analoger Weise geschehe dies „auch heute überall dort, wo das Christentum die alten Stammesreligionen ablöst" (ebd.). Das frühe Christentum wird hier also als Religion aufgefasst, die die antike Religiosität durch die im Wesen Gottes begründete und in Jesus offenbar gewordene Vernunft überwindet. Das hat nicht zuletzt Konsequenzen für die Sicht auf das Verhältnis des christlichen

Glaubens zu anderen Religionen. Darauf wird im dritten Abschnitt zurückzukommen sein.

Das grundlegende methodische Problem dieses Zugangs besteht also darin, dass eine Bekenntnisaussage – Jesus sei als Mensch zugleich Gott gewesen – den Status einer *historischen* Aussage über Jesus erhält. Die göttliche Natur Jesu erscheint damit nicht mehr als eine *Deutung*, die im Neuen Testament vorbereitet und in den Bekenntnisaussagen der frühen Kirche begrifflich verdichtet wurde, sondern als eine ihnen vorausliegende *Wahrheit*, die in verschiedener Weise entfaltet wird.

Dabei wird zwischen historischen und dogmatischen Aussagen nicht deutlich unterschieden. Das zeigt sich etwa daran, dass dogmatische Begriffe und Bekenntnisformulierungen der frühen Kirche auch auf den historischen Jesus angewendet werden. So sei etwa das Vaterunser als Jesusgebet zugleich ein „trinitarisches Gebet", denn wir beten hier „mit Christus durch den Heiligen Geist zum Vater" (169). Des Weiteren wird zwar ausdrücklich vermerkt, die Titel „Messias (Christus)", „Kyrios (Herr)" und „Sohn Gottes" gehörten zur urchristlichen Bekenntnisbildung, sie werden gleichwohl innerhalb der Beschreibung von Wirken und Verkündigung des irdischen Jesus verwendet. Damit wird auch sprachlich kenntlich gemacht, dass bereits dem irdischen Jesus göttliche Würde zukommt.

Besonders deutlich wird dieses Ineinanderblenden von historischer und dogmatischer Perspektive beim Umgang mit dem Johannesevangelium. Da diese Schrift für Ratzingers Jesusbild besondere Bedeutung besitzt, wird es auch historisch als glaubwürdig eingeschätzt. Ratzinger hält es für wahrscheinlich, dass es auf den Zebedaiden Johannes zurückgeht und später von dem bei Papias erwähnten Presbyter Johannes überarbeitet wurde (263–269). Beruhe das Evangelium demnach auf Augenzeugenschaft, so bringe seine „besondere Art von Historizität" als Verbindung von persönlicher Erinnerung und geschichtlicher Wirklichkeit in besonders prägnanter Weise zum Ausdruck, dass es beim Verstehen der Ereignisse um Jesus nicht um das bloße Faktum gehe, sondern um ein tieferes, „geistliches" Verstehen. Im Johannesevangelium lasse sich deshalb erkennen, was „Inspiration" bedeutet.

Diese Auffassung vom Verstehen geschichtlicher Wirklichkeit lässt sich mit Zugängen zu „Gedächtnis" und „Erinnerung" vermitteln, die bereits in der Antike eine wichtige Rolle spielten und in der neueren Geschichtswissenschaft wieder verstärkt in den Blick getreten sind. Zwar geht Ratzinger auf diese Ansätze nicht explizit ein, geht mit ihnen jedoch darin konform, dass sich Aneignung der Vergangenheit nicht auf das Sammeln bloßer Fakten beschränken dürfe. Für eine solche Sicht lässt sich, worauf Ratzinger zu Recht hinweist, auch der johanneische Begriff des „Erinnerns" fruchtbar machen. Er versteht diesen allerdings so, dass das Johannesevangelium deshalb ein den synoptischen Evangelien gleichwertiger, ja ihnen sogar überlegener Zeuge der Geschichte Jesu sei, weil es auf dem „Erinnern" eines Jüngers beruhe und damit zu einer eigenen „Quelle für die Erkenntnis des historischen Jesus" werde (261). Der Begriff des Erinnerns wird dabei sowohl als individuelles Vergegenwärtigen von Selbsterlebtem als auch als „vom Heiligen Geist geführtes Verstehen", das zum „Erinnern der Kirche" führt, aufgefasst (275).

Der johanneische Erinnerungsbegriff bezieht sich allerdings nicht auf unmittelbare oder vermittelte Augenzeugenschaft. An den entsprechenden Stellen ist vielmehr stets davon die Rede, dass sich „seine Jünger" nach Ostern an Ereignisse der vorösterlichen Zeit erinnerten und ihre Bedeutung erst jetzt erfassten. Der Erinnerungsprozess wird also als neues, vertieftes Verstehen vorösterlicher Ereignisse in nachösterlicher Situation beschrieben. Auf die Augenzeugenschaft eines einzelnen Jüngers bezieht sich das Erinnern bei Johannes dagegen nie. Es beschreibt vielmehr die Tatsache, dass die Einsicht in das wahre Wesen Jesu erst durch seine Auferstehung und Verherrlichung ermöglicht wurde, am vorösterlichen, „historischen" Jesus dagegen noch nicht ablesbar war. Christlicher Glaube ist deshalb dem Johannesevangelium zufolge ein dezidiert nachösterliches Phänomen, das den Weggang Jesu zum Vater und die Sendung des Parakleten voraussetzt.

Das Verhältnis von historischen und dogmatischen Aussagen bleibt in Ratzingers Darstellung demnach in der Schwebe. Zwar sieht er die historisch-kritische Methode als unverzichtbar an, ordnet sie jedoch einer vorgängigen Struktur des christlichen Glaubens ein, für die die Wesenseinheit von Jesus und Gott grundlegend ist. Ereignisse wie etwa die Taufe Jesu durch Johannes, die historisch betrachtet vermutlich eine Umkehrtaufe zur Sündenvergebung war, werden deshalb bereits auf der historischen und nicht erst auf einer theologischen Ebene anders gedeutet. So wird die Taufe als Antizipation des Kreuzestodes interpretiert, was eine Sinngebung dieses Ereignisses aus der Sicht des christlichen Glaubens darstellt, jedoch keine Beschreibung des historischen Ereignisses selbst. Der gewählte Zugang führt folglich zu einer eigenen Art von Schriftauslegung, der wir uns nunmehr zuwenden.

2. Schriftauslegung

Die Interpretation der biblischen Schriften beruht auf ihrem Verständnis als göttlich inspirierter Texte. Differenzierungen zwischen verschiedenen Überlieferungen oder zwischen den Jesusbildern der Evangelien werden damit bedeutungslos. So kann Ratzinger formulieren: „Der Jesus des vierten Evangeliums und der Jesus der Synoptiker ist ein und derselbe: der wahre ‚historische' Jesus" (143). Auch die Unterscheidung von echten und unechten Paulusbriefen ist nicht von Belang, wie etwa die mehrfache Berufung auf den Epheserbrief als einen Brief des „heiligen Paulus" zeigt.

Dieser Zugang ermöglicht es, die Jesusüberlieferungen unabhängig von ihrer Einbindung in das jeweilige Evangelium und ohne eine Beurteilung ihres überlieferungsgeschichtlichen Status für ein Bild des „historischen Jesus" heranzuziehen. Das Verfahren, neutestamentliche Stellen miteinander in Beziehung zu setzen und mit alttestamentlichen Stellen zu kombinieren, erinnert dabei an die Exegese der Kirchenväter, die in ähnlicher Weise verfahren konnten, weil sie von der Inspiriertheit dieser Schriften ausgingen.

Die Textauslegungen selbst – etwa der Seligpreisungen, des Vaterunsers und der Gleichnisse vom verlorenen Sohn („Das Gleichnis von den zwei Brüdern [dem verlorenen und dem daheimgebliebenen Sohn] und dem gütigen Vater") und „Vom reichen Prasser und vom armen Lazarus" – stellen eindrückliche theologische Interpretationen dar, die Beobachtungen zu philologischen Details enthalten, die biblischen Texte mit ihrer Wirkungsgeschichte verbinden und ihre Bedeutung für den heutigen Glauben vor Augen führen. Wenn Ratzinger etwa der Bedeutung von praÿes in Mt 5,5 oder derjenigen von epioúsios im Vaterunser nachgeht, die Formulierung „er machte zwölf" in Mk 3,14 zur Bestellung zum Priestertum im Alten Testament in Beziehung setzt oder die syntaktischen Möglichkeiten von Joh 7,37f. erörtert (110–112. 188. 207. 288f.), zieht er Verwendungen der entsprechenden Termini in den biblischen Schriften heran und begründet seine Entscheidungen von den größeren Sinnzusammenhängen her.

Die Stärke dieses Zugangs liegt darin, dass die Texte auf diese Weise über ihre historische Entstehungszeit hinaus für weitere Applikationen geöffnet werden. Ratzinger knüpft dazu an die altkirchliche Tradition des mehrfachen Schriftsinns an, was nicht zuletzt an dem häufigen Rekurs auf Auslegungen der Kirchenväter deutlich wird. Für historisch-kritische Exegese ist das schon deshalb anregend, weil bereits seit längerem erkannt worden ist, dass die Suche nach dem historischen Ursprungssinn eines Textes dessen Sinnpotentiale nur unzureichend in den Blick treten lässt. So setzt sich Ratzinger etwa kritisch mit Adolf Jülichers Reduktion der Gleichnisse auf den einen „springenden Punkt" und seiner Ablehnung der Allegorie auseinander und erschließt demgegenüber in seiner Interpretation des Gleichnisses vom verlorenen Sohn neben der Auslegung auf das Verhältnis von Juden und Heiden auch eine „implizite Christologie" und eine existentielle Dimension. Ähnlich wird bei der Brotbitte des Vaterunsers über deren Sinn als Bitte um das für die irdische Existenz nötige Brot hinaus eine weitergehende Bedeutung des gesamten Gebets als „eucharistisches Tischgebet in der Liturgie der heiligen Messe" erhoben. Bei einer solchen Herangehensweise ist stets die Bedeutung der biblischen Texte als Grundlagen des christlichen Glaubens im Blick.

Die Herstellung von Beziehungen zwischen verschiedenen Schriftstellen hat mitunter allerdings eher assoziativen Charakter und geht über das von den Texten her zu Verifizierende hinaus. So ist etwa fraglich, ob sich die Auslegung der Tora in der Bergpredigt und der paulinische Ruf zur Freiheit in Gal 5,13 tatsächlich so unmittelbar miteinander verbinden lassen, wie es hier geschieht (150f.). Auch das Weinwunder zu Kana in Joh 2 erscheint überinterpretiert, wenn es über die in Mk 12,35–37 begegnende Anspielung auf Ps 110 mit Melchisedek – und damit mit dem Hebräerbrief – in Verbindung gebracht, mit Brot und Wein als Träger des Neuen Bundes verknüpft und als Durchscheinen des „Mysterium des Logos und seiner kosmischen Liturgie" gedeutet wird (297f.). Derartige Beziehungen lassen sich von den Texten her schwer nachvollziehen und verlassen damit den Bereich kontrollierbarer Interpretationen.

Problematisch erscheint aber vor allem, dass die jeweils eigenständigen Deutungen der Person Jesu in den neutestamentlichen Schriften vorab unter die ihnen vorausliegende Wahrheit von der Wesenseinheit von Jesus und Gott gestellt werden. Dass dieses Bekenntnis selbst auf einem längeren Interpretationsprozess beruht, dessen Anfänge im Neuen Testament liegen, sei an einem Beispiel verdeutlicht.

Die von Ratzinger zum Beleg der Überlegenheit des christlichen Glaubens über die antiken Religionen herangezogene Stelle 1Kor 8,6, wo den vielen „so genannten Göttern und Herren" der Heiden der eine Gott und der eine Herr Jesus Christus gegenübergestellt werden, zeigt, dass im Urchristentum trotz der einzigartigen Würde und Hoheitsstellung, die Jesus zugeschrieben wurde, die Differenz zwischen Jesus und Gott durchaus bestehen blieb. Die Autorität Jesu ist eine von Gott verliehene, der ihn erhöht, in eine Machtposition eingesetzt und durch ihn bereits bei der Schöpfung gehandelt hat. In 1Kor 8,6 wird dies durch die unterschiedlichen Präpositionen (aus Gott – auf Gott hin; durch Christus) deutlich gemacht, und in 1Kor 15,28 kann Paulus sogar davon sprechen, dass sich der Sohn am Ende selbst unterwerfen wird, damit Gott alles in allem sei. Auch die Hoheitsaussagen des Johannesevangeliums haben noch nicht den Status dogmatischer oder philosophischer Aussagen über eine Wesenseinheit von Gott und Jesus. Die „hohe Christologie" des Urchristentums stellt deshalb die Grundlage für das spätere Bekenntnis zur Wesenseinheit von Jesus und Gott dar, ist von diesem selbst aber zu unterscheiden. An Ratzingers Darstellung wäre daher die Frage zu richten, ob dieser historische Prozess nicht im Licht der späteren

Konzilsformulierung, die selbst erst ein Ergebnis dieses Prozesses darstellt, zu gering gewichtet wird.

3. Verhältnis zu den anderen Religionen

Aus dem beschriebenen Zugang ergibt sich eine spezifische Verhältnisbestimmung des Christentums zu anderen Religionen. Ratzinger entfaltet dieses Thema sowohl im Blick auf das Judentum als auch auf die übrigen Religionen.

Das Verhältnis zum Judentum wird in ebenso sensibler wie theologisch klarer Weise dargestellt. In dem an verschiedenen Stellen des Buches aufgenommenen Dialog mit Jacob Neusner wird der Differenzpunkt zwischen Christentum und Judentum – die Anerkennung der göttlichen Autorität Jesu – deutlich herausgestellt. Für den Juden Neusner ist Jesu Umgang mit dem Sabbatgebot eine Verletzung des göttlichen Willens, für den Christen Ratzinger ist Jesus dazu berechtigt, weil er in göttlicher Autorität handelt. Die theologische Differenz zwischen Judentum und Christentum dürfte damit auch historisch zutreffend beschrieben sein: Sie gründet in dem Vollmachtsanspruch Jesu, der – wie Ratzinger zutreffend ausführt – in den Menschensohnworten prägnant zum Ausdruck kommt, von seinen Nachfolgern akzeptiert, von den meisten seiner jüdischen Zeitgenossen dagegen abgelehnt wurde. Auch hier muss allerdings zwischen historischer Beschreibungs- und theologischer Deutungsebene unterschieden werden. Wenn Ratzinger urteilt, die Gründung einer neuen Jüngergemeinde sei deshalb „richtig" gewesen, weil Israel nicht nur für sich selbst da sei, sondern um „Licht für die Völker" zu sein, dann handelt es sich natürlich um eine *christliche* Interpretation der Geschichte Israels, die neben der jüdischen steht. „Richtig" kann hier also nur meinen: innerhalb der christlichen Wirklichkeitssicht als „wahr" geltend.

Problematischer ist die Verhältnisbestimmung zu den anderen Religionen. Ratzinger kritisiert ausdrücklich die Auffassung einer Gleichwertigkeit verschiedener Religionen oder Weltanschauungen und verweist darauf, dass der Weg der Wahrheit bei Jesus Christus ende. Dagegen würden weder Blutrache und ein Engagement für den „Heiligen Krieg" noch das Darbringen von Tieropfern oder rituelle Waschungen dem Willen Gottes entsprechen, ebenso wenig, dass sich der Mensch zum Maßstab aller Dinge erhebe (122f.). An dieser Stelle taucht die bereits genannte Auffassung von der rationalen Überlegenheit des Christentums über die anderen Religionen wieder auf.

Die These, das frühe Christentum habe die antike Welt „rationalisiert", ist jedoch in Frage zu stellen. So zeigen bereits die Wunderberichte der Evangelien – die in diesem Teil der Jesusdarstellung von Ratzinger nicht besprochen werden –, dass magische Vorstellungen durchaus auch im Urchristentum anzutreffen sind, das sich in dieser Hinsicht nicht von seiner jüdischen und paganen Umwelt unterscheidet. Auch das Herrenmahl ist im Kontext antiker Kultmähler entstanden, hat etliche Elemente aus diesen übernommen und sie inhaltlich neu bestimmt. Wenn Jesus in Texten des zweiten und dritten Jahrhunderts in Konkurrenz zu Asklepios tritt, werden Elemente des paganen Kultes, wie etwa der Heilschlaf, ins Christentum übernommen – bis hin zur Nutzung derselben Räume ehemals paganer Kultstätten. Die ebenfalls aus paganen Kulten übernommene Praxis, nach erfolgter Heilung Votivgaben darzubringen, ist in katholischen Pilgerorten bis in die Gegenwart hinein anzutreffen.

Wie sich an etlichen weiteren Beispielen zeigen ließe, stellt sich das Verhältnis des Christentums zu anderen Religionen deshalb eher als eines der Beeinflussung religiöser Ausdrucksformen dar, die in unterschiedlichen religiösen Überzeugungssystemen plausibilisiert werden konnten, nicht als eines der „Rationalisierung" primitiver Religionen durch die Offenbarung der Vernunft Gottes in der Welt. Das antike – wie das moderne – Christentum ist deshalb auch kaum eine den anderen Religionen aufgrund seiner „Vernünftigkeit" überlegene Glaubensgemeinschaft. Das Spezifikum des antiken Christentums dürfte vielmehr darin bestanden haben, Jesus Christus als den entscheidenden Repräsentanten des einzigen Gottes gedeutet, das durch ihn gekommene Heil universal interpretiert und mit einem hohen Ethos verknüpft zu haben. Auf diesem Weg einer historischen Beschreibung des frühen Christentums und seiner darauf aufbauenden Geschichte dürfte sein Platz unter den Religionen eher zu erfassen sein als mit der These über die Entsprechung von Vernunft Gottes und Rationalität der Welt.

4. Fazit

Joseph Ratzinger hat, wie er selbst betont, mit seinem Jesusbuch keine lehramtliche Verlautbarung verfasst. Stattdessen lädt er zum Disput über seine Thesen ein. Die Stärke des Buches liegt in den theologischen Schriftauslegungen, die die historisch-kritische Exegese dazu herausfordern, sich stärker um die Sinnpotentiale der Texte zu bemühen. Wenn dabei häufiger altkirchliche Auslegungen herangezogen werden, macht dies auf ein Defizit aufmerksam, das in katholischer wie protestantischer Exegese gleichermaßen zu konstatieren ist.

Die Problematik des Zugangs liegt darin, dass der historischen Theologie letztlich kein eigenständiges Recht eingeräumt wird, sondern sie ihren Platz innerhalb der dogmatischen Theologie zugewiesen bekommt. Ob sich der Wahrheitsanspruch des christlichen Glaubens auf diese Weise mit den gegenwärtig geltenden Prämissen für Wirklichkeitsdeutungen vermitteln lässt, erscheint fraglich. Die

Jesusdeutung Joseph Ratzingers muss deshalb sowohl mit der Diskussion über das Verhältnis von Vernunft und Glaube seit der Aufklärung als auch mit den Voraussetzungen der historisch-kritischen Exegese konfrontiert werden. Die Tragfähigkeit der vorgelegten Deutung wird sich in diesen Diskursen erweisen müssen.

Auf der Suche nach dem Antlitz des Herrn

Das Jesusbuch des Papstes und seine Theologie des Wortes Gottes

von Thomas Söding

Benedikt schreibt kein „Leben Jesu", er zeichnet ein theologisches Portrait Jesu. Es geht ihm nicht um das soziale Umfeld Jesu, seine Familie, seinen Beruf, seine Lebensform, sondern um die „Gestalt" Jesu, seine „Figur", sein „Gesicht". Gemeint ist nicht nur das Bild, das sich dem Gedächtnis der Kirche eingeprägt hat, sondern das Bild, das Jesus selbst abgegeben hat: das, was seinem Wort Bedeutung gibt, seiner Verkündigung Format, seinem Anspruch Gewicht. Der Papst nennt das Buch „Ausdruck meines persönlichen Suchens ‚nach dem Antlitz des Herrn' (vgl. Ps 27,8)" (22). Dass er dieses Antlitz im Bild Jesu erkennt und dessen Farben und Konturen den neutestamentlichen Evangelien entnimmt, ist das Besondere seines Buches. Es macht seinen theologischen Rang aus, seinen spirituellen Tiefgang, sein exegetisches Charisma – und führt in fruchtbare Diskussionen mit den Neutestamentlern.

1. Die Mysterien des Lebens Jesu

Joseph Ratzinger konzentriert sich auf die großen „Mysterien" des Lebens Jesu: die Taufe, die Versuchung, die Bergpredigt mit den Seligpreisungen und dem Vaterunser, die Jüngerberufungen, das Messiasbekenntnis, die Verklärung, auch die Hoheitstitel und Ich-Worte. Die Passion und die Auferstehung sollen im zweiten Band folgen. Die Konzentration auf die „Geheimnisse Jesu", in denen sich das Geheimnis Jesu, das Geheimnis der Gottesherrschaft (Mk 4,11), spiegelt, steht in einer alten Tradition, die bei den Kirchenvätern wurzelt. Es geht ihr darum, die Wahrheit des Wortes Gottes in den überlieferten Worten Jesu aufzuweisen. In der Neuzeit hat sie zähen Widerstand gegen den Historismus der Leben-Jesu-Forschung geleistet, aber immer die kritische Frage nach ihrer geschichtlichen Erdung ausgelöst, ohne eine ganz befriedigende Antwort geben zu können.[1] Hier will der Papst Klarheit schaffen.

Alle historischen, sozialen und kulturellen Fragen, die Benedikt ausblendet, wären in einem genuin exegetischen Jesusbuch von großem Interesse. Es müsste dann ausführlich der geschichtliche Kontext Jesu und seiner Jünger nachgezeichnet werden, die Politik der Römer und der Hohenpriester. Es müsste die religiöse Landschaft im Israel der Zeitenwende vermessen werden: die Strömungen innerhalb des Judentums, die Einflüsse des Hellenismus in Galiläa, aber auch in Judäa und Jerusalem. Es müssten die geschichtlichen Bedingungen beschrieben werden, unter denen sich die Traditionen der Evangelien ausgebildet haben. Es wären die Evangelien kritisch auf ihren Quellenwert hin zu prüfen, welche Rückschlüsse sie auf die vita Jesu erlauben und wie sie ihren Adressaten nicht nur Zugänge zu Jesus erschließen, sondern auch Christsein in der Nachfolge Jesu zu ihrer Zeit nahebringen wollen.

Die Wichtigkeit solcher Forschungen wird vom Papst nicht geleugnet. Aber er treibt sie nicht selbst. Er hat viel gelesen und manches zitiert. Aber er geht seinen eigenen Weg zu einem eigenen Buch mit einer eigenen Sicht Jesu. Es ist kein Weg zurück zu den Jesusbüchern seiner Jugendzeit, deren prägender Kraft er ein wenig nachzutrauern scheint, weil sie, anders als die moderne Exegese, „durch den Menschen Jesus Gott und von Gott her das Bild des rechten Menschen sichtbar" gemacht hätten (10). Im Vergleich mit dem besten dieser Bücher, die der Papst eingangs nennt, wird der Unterschied deutlich. Romano Guardini hat in „Der Herr"[2], wie der Papst schreibt, „das Bild Jesu Christi gezeichnet, wie er als Mensch auf Erden lebte, aber – ganz Mensch – doch zugleich Gott zu den Menschen trug" (10). Diesen Eindruck hat Guardini gerade deshalb hervorrufen können, weil er methodisch Abstand zu den Debatten der Exegeten gehalten hat. Ratzinger hingegen hat sie durchgearbeitet und will über sie hinausschreiten. Das macht sein Buch für heutige Neutestamentler interessant. Alles andere wäre pure Nostalgie.

2. Die Suche nach der Gestalt Jesu

Das zentrale Stichwort der „Gestalt" Jesu findet sich bei Hans Urs von Balthasar im ersten Band seines opus magnum „Herrlichkeit: Schau der Gestalt".[3] Es findet sich auch bei Heinz Schürmann im Untertitel seines Jesusbuches gesammelter Aufsätze: „Jesus. Gestalt und Geheimnis"[4]. Hans Urs von Balthasar ist der väterliche Theologenfreund Joseph Ratzingers, Heinz Schürmann einer seiner engsten exegetischen Gesprächspartner. Die „Gestalt" Jesu ist von den prägenden Eindrücken seiner Sendung, von seinem Geschick, seiner Botschaft bestimmt. Seine Gestalt ist von anderen zu erkennen, weil Jesus sich nicht versteckt oder verstellt, sondern zeigt. Wer nach der „Gestalt" fragt, denkt nicht nur an Identität und Individualität, sondern an die Stimmigkeit der Person, die Übereinstimmung von Reden und Tun, von Wirken und Wesen, an seinen „Charakter" – nicht im Sinne moderner Psychologie, sondern biblischer Theologie, der die Prägung durch Gott das entscheidende ist (Hebr 1,3). Diese „Gestalt" Jesu zeigt sich nicht schon in flüchtigen Augenblickseindrücken, die vielleicht zeitgenössische Passanten von Jesus hätten gewinnen können, sondern in den langen und genauen Beobachtungen von Menschen auf den Wegen der Nachfolge, im aufmerksamen Hören dessen, was er sagt, im Nachdenken über die Themen, die ihm wichtig sind, in der Wahrnehmung seines Verhaltens und seiner Haltung.

Die Wahl des Leitbegriffs „Gestalt" zeigt, dass der Papst einen Brückenschlag zwischen exegetischer Jesusforschung mit theologischem Anspruch und dogmatischer Christologie mit biblischer Fundierung versucht. Hans Urs von Balthasar ist ein Dogmatiker, der in beeindruckender Intensität Schriftauslegung treibt – freilich nicht in der Art und Weise historisch-kritischer oder literaturwissenschaftlicher Exegese, sondern theologischer Schriftmeditation, die historische und literarische Fragen weit zurücktreten lässt. Im Vergleich dazu ist Joseph Ratzingers Jesusbuch exegetischer gearbeitet, näher an den Diskussionen der Bibelwissenschaft, offener für Kritik. Heinz Schürmann hinwiederum ist ein Exeget, der ein Herz für die Theologie und eine Ader für kirchliche Schriftauslegung hat, aber in seinen Aufsätzen mit den überlieferten Texten, den Ecken und Kanten ihrer Sprache, ihrer Überlieferung, auch ihrer Interpretationen in der modernen Exegese ringt und es sich bewusst schwermacht, zu einem abgerundeten Resultat zu gelangen. Im Vergleich dazu ist Ratzingers Jesusbuch ein großer Wurf, der viele Detailfragen ausblendet – um allerdings die bestimmenden Themen der Verkündigung Jesu mit desto kräftigeren Strichen nachzuzeichnen.

Mit Joseph Ratzinger treibt ein Dogmatiker Exegese – aber nicht, damit die Exegese dogmatisch, sondern damit die Dogmatik biblisch und exegetisch wird. Der Stil des Dogmatikers zeigt sich im überragenden Interesse an den Inhalten, an der Grundbotschaft Jesu, an dem „Neuen", das er gebracht hat. Es geht ihm um die Theologie Jesu – wenn man Theologie nicht als Lehrsystem, sondern in einem elementaren Sinn als Gottesrede, als Wort Gottes, versteht. Sein

Buch ist ein dogmatisches Werk – aber in der Form einer narrativen Christologie, die vor allem eines sein will: schriftgemäß. Sein Buch ist auch ein exegetisches Werk – aber in der Form einer Reflexion jener Wahrheit, die Jesus selbst ist. Ratzinger studiert am Urtext die erzählte Christologie der Evangelien, in denen sich die gelebte Christologie Jesu darstellt – und die des Reflexionsaufwandes nicht nur der paulinischen und johanneischen Theologie, sondern auch der Väterdiskussionen und Konzilsentscheidungen bedarf, um in der ihr eigenen Wahrheit erkannt und in begrifflicher Schärfe angesprochen zu werden.

3. Verankerung in Gott

Die entscheidende Aufgabe, die Joseph Ratzinger sich stellt, ist es, die charakteristischen Merkmale der Gestalt Jesu zu bestimmen. Um sie zu finden, zitiert er nicht einen Dogmatiker, sondern einen ausgewiesene Neutestamentler, Rudolf Schnackenburg: „Ohne Verankerung in Gott bleibt die Person Jesu Christi schemenhaft, unwirklich und unerklärlich"[5]. Dazu erklärt Ratzinger: „Das ist auch der Konstruktionspunkt dieses meines Buches" (12).

Das Zitat samt Kommentar ist programmatisch. Er zeigt, wo und wie Benedikt bei den Forschungen der historisch-kritischen Exegese ansetzt – und weshalb er sie überschreiten will. So sehr er im Einzelnen immer wieder dankbar Exegeten zitiert, die ihm Informationen zu den Gattungen, zum Umfeld, zur Intentionen, zu den Adressaten der Evangelien liefern (20) – entscheidend ist ihm, dass die historisch-kritische Jesusforschung zwei unumstößliche Beweise liefert: dass Jesus tatsächlich gelebt hat und dass er – seinen eigenen Worten nach – nur aus seiner Bindung an Gott heraus zu verstehen ist. Benedikt setzt deshalb in den einsamen Gebetsnächten Jesu an, die „ein wenig den Schleier des Geheimnisses" lüften und uns einen Einblick „in die Sohnes-Existenz Jesu" gewähren (32); er führt seine Nach-Erzählung der Evangelien in der Auslegung des Vaterunser auf einen Höhepunkt, und er arbeitet durchweg die gelebte Einheit Jesu mit Gott als Profil und Antrieb der Geschichte Jesu heraus.

Von dem Zentrum der Verankerung Jesu in Gott aus markiert Benedikt in seinem Buch drei Eckpunkte, zwischen denen er die Gestalt Jesu nachzeichnet.

1. Jesus ist der „Sohn", der in Einheit mit dem Vater lebt. Die Frage, wer er sei, bewegt die Menschen – und Petrus gibt die richtige Antwort: „Du bist der Christus" (Mk 8,30). Doch wie recht er mit seinem Messiasbekenntnis hat, muss er selbst am meisten noch lernen, da er sich Jesus in den Weg des Leidens – somit auch der Auferstehung – stellen will und zur Kreuzesnachfolge gerufen wird (Mk 8,31–34).

2. Jesus gehört zum Volk Gottes. Sein Judesein ist nicht eine historische Zufälligkeit, sondern eine theologische Notwendigkeit. Sie zeigt die Identität Gottes, seine Bundes- und Verheißungstreue. Die Zugehörigkeit zum jüdischen Gottesvolk macht der Papst nicht nur in der Beziehung Jesu zu Propheten wie Jesaja, sondern zum Propheten wie Mose (nach Dtn 18,15) und damit zur Tora fest. Das sieht Joseph Ratzinger insofern als Schlüssel zum Verständnis Jesu, als er ihn ganz in den Horizont des Monotheismus Israels hineinstellt. Jesus predigt den einen Gott, und er steht mit seiner Person so rückhaltlos zu seinem Wort, dass er, der Sohn, eins ist mit Gott, hingeordnet auf den Vater. Das wird bei Johannes noch deutlicher als bei den Synoptikern. Aber es prägt die Gestalt Jesu, wie Ratzinger sie durch die Brille aller Evangelien sieht.

3. Jesus richtet im Volk Gottes die Herrschaft Gottes auf. Die Gottesherrschaft ist nicht nur sein großes Thema, sie ist sein Leben. Er verkündet sie nicht nur, er verwirklicht sie

auch, weil er sie verkörpert. Der Papst setzt sich sowohl von einer idealistischen Deutung ab, die auf das Innenleben des Einzelnen fixiert wäre, als auch von einer utopistischen, die den Gottesstaat auf Erden errichten wollte, aber ebenso von einer ekklesiastischen, die Reich Gottes und Kirche identifizierte (78–80). Demgegenüber schlägt er eine christologische Deutung vor: Das Reich Gottes ist gekommen, insofern Jesus gekommen ist; es ist gegenwärtig, insofern Jesus gegenwärtig ist (89f.).

Alle drei Eckpunkte zeigen, was es für Joseph Ratzinger heißt, Jesus von Gott her zu verstehen – und Gott von Jesus her. Darin geht er über die historisch-kritische Methode hinaus. Das, was die Exegese als Themen, als Aussagen, als Ansprüche Jesu identifizieren kann, nimmt er als Wahrheit Jesu, um auf diese Weise die Themen, die Aussagen, die Ansprüche Jesu tiefer zu verstehen, als wenn die Wahrheitsfrage methodisch offengelassen würde. Das ist der zentrale Punkt des Gespräches zwischen dem Papst und den Neutestamentlern.

4. Kanonische Exegese

Im Vorwort beruft sich der Papst, um seine Methodik zu erklären auf die „kanonische Exegese". Das ist allerdings ein schillernder Begriff, der zwar signalisieren soll, dass Bibelwissenschaftler heute ihrerseits über die historisch-kritische Exegese hinausgehen (können), aber oft einen Gegensatz zu ihr aufbauen soll und dann in einer methodischen Sackgasse landet. Deshalb muss – auch in der Kritik des Buches – genauer gefragt werden, was Benedikt unter „kanonischer Exegese" versteht.[6] Entscheidend ist für ihn das Postulat des Zweiten Vatikanischen Konzils, die Aufgabe der Exegese sei es nicht nur, die verschiedenen Sprachen, Traditionen und Intentionen der biblischen Bücher je aus ihrer Zeit heraus zu verstehen, sondern auch nach der „Einheit" der Schrift zu fragen, damit sie in dem Geist gelesen werden könne, in dem sie geschrieben sei (DV 12).

Dieser offenbarungstheologische Ansatz nimmt starke Impulse der biblischen Theologie auf, vor allem der johanneischen Logos-Christologie, die auch die patristische Exegese tief geprägt hat.[7] Er hat erhebliche hermeneutische Konsequenzen. Zum einen fordert er, die Einheit nicht als Gegensatz zur Vielseitigkeit und zur Geschichtlichkeit der Schrift zu sehen, sondern mit ihr zu verbinden.[8] Diesem Postulat wird der Papst gerecht, weil er die Vierzahl der kanonischen Evangelien und ihre Unterschiede würdigt, die Handschrift ihrer Verfasser kennt und ihre Zusammenhänge mit der Bibel Israels, während er ihre Einheit im Horizont des Gottesglaubens Israels versteht.

Zum anderen akzentuiert und relativiert die Offenbarungstheologie die Schrift. Die Bibel ist nicht eigentlich Offenbarungsquelle. Sie ist nicht die letzte Instanz des theologischen Urteils, sondern Medium des lebendigen Wortes Gottes, angelegt auf eine je neue Erschließung des Geistes im Buchstaben. Joseph Ratzinger weiß, dass es keine besseren Quellen für die Biographie wie auch die Theologie Jesu gibt als die Evangelien. Aber an den Evangelien interessiert ihn im Grunde nur der Jesus, den sie bezeugen – und an Jesus interessiert ihn der lebendige Gott, den er in die Welt gebracht hat. Weil Jesus ein Mensch aus Fleisch und Blut war und weil die Evangelien, dogmatisch gesprochen, Gotteswort im Menschenwort sind, kann es nicht sein, dass die christliche Theologie auf historische Jesusforschung und philologische Evangelienexegese verzichtet (14). Es sind also theologische, dogmatische Gründe, die Joseph Ratzinger zur Exegese führen. Das aber heißt: Müsste die Exegese an einem wesentlichen Punkt seiner Darstellung Jesu widersprechen, hinge auch seine Dogmatik in der Luft.

Umgekehrt ist es aber keineswegs so, dass er von einer

professionellen Exegese erwarten würde, sie müsse, wenn sie ihre Methoden nur ernst nähme, seinen Jesus und dessen Theologie vollauf bestätigen. Er sagt ja gerade, dass er über das hinausgehen wolle, was einer Schriftauslegung, die *per definitionem* auf die Erforschung des geschichtlichen Jesus konzentriert bleibt, zu erkennen möglich ist. Er sagt aber auch, dass sein theologisches Jesusbild – jenes, das er den Evangelien entnimmt – historisch plausibel sei. Er sagt hinwiederum nicht, dass damit die Gottessohnschaft Jesu historisch bewiesen sei; die Grenzen menschlichen Erkennens und methodischer Wissenschaft sind ihm sehr wohl bewusst. Aber er sagt, dass der theologische Ansatz die geschichtliche Jesusforschung nicht nur fordert, sondern fördert. An dieser Stelle setzt der kritische Dialog mit der neutestamentlichen Wissenschaft ein.

5. Kritik

Vergleicht man den „Jesus" des Papstes mit dem heutiger exegetischer Lehrbücher, zeigen sich erheblich mehr Gemeinsamkeiten, als man der Rhetorik des Buches zufolge annehmen könnte.[9] Dass Jesus am Jordan getauft worden ist und danach mit seiner Verkündigung begonnen hat; dass er das Reich Gottes verkündet und Gleichnisse der Gottesherrschaft erzählt, Jünger berufen, die Armen seliggepriesen, das Vaterunser gelehrt hat – all das kann man mit großem Gewinn (und kleinen Fragezeichen) auch anderen heutigen Jesusbüchern als dem päpstlichem entnehmen. (Dass der Papst sehr gut schreiben und große Zusammenhänge einfach erschließen kann, steht auf einem anderen Blatt.) Die weitgehenden sachlichen Übereinstimmungen bestätigen den wissenschaftlichen Wert der Studie von Joseph Ratzinger. Auch die „liberale" Jesusforschung, die heute getrieben wird, würde Jesus nicht mehr – wie tatsächlich im 19. und bis über die Hälfte des 20. Jh. üblich – in erster Linie aus dem Gegensatz zum Judentum verstehen, sondern aus seiner Mitte. Wo man sich mit moderner Sprach- und Literaturwissenschaft befasst hat, wird auch – und gerade – der historisch-kritischen Exegese deutlich, dass man das Wort nicht von seinem Sprecher trennen kann und dass es eine „implizite" Christologie gibt, die vielleicht noch stärker ist als die explizite der Hoheitstitel, Glaubensformeln und theologischen Reflexionen.

Deutliche Unterschiede gibt es an mindestens vier Stellen. Während Ratzinger gegen die Deutung der Taufe Jesu und der anschließenden Offenbarung als „Berufung" polemisiert (50f.), wird sie von der Exegese mit gutem Grund angenommen, zumal die Himmelsstimme nach Mk 1,11 nicht nur auf Ps 2,7, die Einsetzung des Königs, sondern auch auf Jes 42,1 rekurriert, die Berufung des prophetischen Gottesknechtes. Während Ratzinger die Versuchungs- und Verklärungsgeschichte ohne weitere Differenzierungen in seine Jesusgeschichte einordnet, grenzt die historisch-kritische Exegese sie aus der Ereignisfolge aus, zumal die symbolträchtigen Zeitangaben der Evangelien – vierzig Tage, am sechsten Tage – gattungskritische Differenzierungen anzeigen, die der Papst nicht erkennbar nachvollzieht. Während die Exegese das vierte Evangelium wegen seiner hohen Christologie aus der Rekonstruktion der Verkündigung Jesu traditionell ausblendet, bezieht Benedikt sie auf vorsichtige Weise ein, indem er die Beziehungen der synoptischen zu den johanneischen Bildworten aufzeigt und auch in ihnen Reflexe der Gestalt und des Wortes Jesu erkennt. Und während die historisch-kritische Exegese allenfalls überlegt, ob Jesus – in der 3. Person – vom „Menschensohn" gesprochen habe, bezieht Benedikt auch den „Sohn" (nicht den Hoheitstitel „Gottessohn") und das „Ich bin" der Epiphanie-Erzählungen ein.

An den beiden ersten Stellen wird die Exegese bei ihrem Widerspruch bleiben – ohne deshalb die gesamte „Konstruktion" des Papstes zum Einsturz zu bringen (ebensowenig wie bei anderen Punkten der Detailkritik). An den beiden letzten Stellen könnte es der exegetischen Jesusforschung allerdings gut tun, die eigenen Plausibilitäten noch einmal kritisch zu überprüfen. Die großen Unterschiede zwischen Johannes und den Synoptikern sind erst im 19. Jh. zu einem Widerspruch hochstilisiert worden. Dass Jesus nicht mit der Messiasfrage konfrontiert worden wäre, ist eine anachronistische Vorstellung, so zurückhaltend den Evangelien zufolge Jesus selbst mit der Inanspruchnahme von Würdenamen gewesen ist, die immer vieldeutig bleiben. Umgekehrt: Die These Ratzingers, dass es eine gelebte Christologie Jesu gebe, ist nicht von den Kapiteln über Johannes und über die Hoheitstitel abhängig, sondern davon, dass sein Dialog mit Jacob Neusner[10] den Punkt trifft: So wie Jesus in der Bergpredigt, in den Gleichnissen und den Streitgesprächen kann man nur im Namen Gottes sprechen.

Das Interesse des Papstes an der „Gestalt" Jesu steht in einer deutlichen Spannung zu den klassischen Fragestellungen der historisch-kritischen Jesusforschung. Sie wird vom Papst zwar kritisiert, bleibt aber wichtig. Sogar wenn sie Jesus untersucht, *etsi Deus non daretur,* und ihn darin im Kern verfehlt, ist sie doch als Kritikerin dogmatischer Festlegungen ein Prüfstein, an dem sich auch eine Theologie messen lassen muss, will sie nicht dem Projektionsverdacht verfallen. Das ist eine klassische Aufgabe der Fundamentaltheologie. Ratzinger durchschaut vielleicht zu schnell die Aporien der liberalen Jesus-Forschung, um eine genauere Diskussion zu führen, die aber seiner narrativen Dogmatik eine noch größere fundamentaltheologische Bedeutung geben würde. Möglicherweise wären dann auch die Anfechtungen Jesu, sein heiliger Zorn, seine leidenschaftliche Unruhe, sein Kampf um die Einheit von Gottes- und Nächstenliebe noch deutlicher geworden: die Gethsemane-Perspektive des Widerstandes gegen das ihm auferlegte Geschick und der Ergebung in den Heilswillen Gottes. Möglicherweise sollte das aber erst im geplanten zweiten Band deutlicher werden.

Umgekehrt ist die Exegese heute keineswegs auf die alte historische Kritik festgelegt, sondern hat ihr Methodenspektrum beträchtlich erweitert: um Rezeptions-, Wirkungs- und Gedächtnisgeschichte. Das weiß der Papst und nutzt es aus. Allerdings tun sich hier neue Konfliktfelder auf, die der Papst kaum berührt: die Auseinandersetzung mit dem Konstruktivismus, der Postmoderne, dem „cultural turn". Nicht nur für die Exegese, auch für die Fundamentaltheologie bleibt viel zu tun.

Die Spannungen, die zwischen dem Jesusbuch des Papstes und der neutestamentlichen Wissenschaft bestehen, müssen nicht aufgelöst, sondern aufgeladen werden. Sie fördern die Diskussion über das Wesentliche. Benedikts Jesusbuch fordert die Neutestamentler heraus, ihre Jesusbilder daraufhin zu prüfen, ob man ihnen tatsächlich ansehen kann, was Jesus selbst über alles wichtig gewesen ist: die Gottes- und die Nächstenliebe. Die neutestamentliche Exegese wie sie heute getrieben wird, fordert dazu heraus, das Jesusbuch des Papstes kritisch zu lesen. Es berührt sympathisch, wenn der Papst in gespielter Naivität sagt, den Evangelien „zu trauen" (20). Inwieweit dieses Vertrauen gerechtfertigt ist – das kritisch zu untersuchen, ist und bleibt die Aufgabe der neutestamentlichen Exegese und ihrer historischen Jesusforschung.

Anmerkungen

[1] Im LThK der zweiten Auflage gibt es einen einschlägigen Artikel von Karl Rahner, *Mysterien des Leben Jesu*: LThK² 7 (1962) 721f. In der dritten Auflage fehlt das Stichwort.

[2] *Der Herr. Betrachtungen über das Leben und die Lehre Jesu Christi*, Mainz ¹⁶1997.

[3] Hans Urs von Balthasar, *Herrlichkeit, Eine theologische Ästhetik. I: Schau der Gestalt*, Einsiedeln ³1988.

[4] Heinz Schürmann, *Jesus. Gestalt und Geheimnis. Gesammelte Beiträge*, hg. v. Klaus Scholtissek, Paderborn 1994.

[5] *Die Person Jesu Christi im Spiegel der vier Evangelien* (HThKNT.S 4), Freiburg u.a. 1993, 354.

[6] Joseph Ratzinger/Benedikt XVI., *Wort Gottes. Schrift – Tradition – Amt*, Freiburg u.a. 2005. In diesem Buch sind drei grundlegende Arbeiten zur Theologie des Wortes Gottes und der Schriftauslegung aus den „Quaestiones disputatae" abgedruckt.

[7] Im Jesusbuch wird kaum Heinrich Schlier zitiert, dessen exegetische Theologie aber einen großen Einfluss auf Joseph Ratzinger ausgebt hat. Unmittelbar einschlägig sind seine Aufsätze zur Theologie des Neuen Testaments und zu Johannes in: *Besinnung auf das Neue Testament. Exegetische Aufsätze und Vorträge II*, Freiburg u.a. 1964.

[8] Das habe ich aufzuweisen versucht in: *Einheit der Heiligen Schrift? Zur biblischen Theologie des Kanons* (QD 211); Freiburg u.a. 2005.

[9] Joseph Ratzinger nennt in seinem Literaturverzeichnis nicht, um im deutschen Sprachraum zu bleiben, die magistralen Arbeiten von Jürgen Becker, *Jesus von Nazareth, Berlin – New York 1996;* Gerd Theißen – Annette Merz, *Der historische Jesus. Ein Lehrbuch*, Göttingen 1996. Sie eignen sich als Prüfstein, weil sie unverkennbar einer „liberalen" Linie verpflichtet sind.

[10] *Ein Rabbi spricht mit Jesus*, München 1997 (engl. 1993), Neuauflage Freiburg 2007.

Der Papst und der Rabbi

Anmerkungen zum christlich-jüdischen Dialog im Jesusbuch
von Benedikt XVI.

von Angela Standhartinger

Das Jesusbuch von Joseph Ratzinger/Benedikt XVI. ist ein
persönliches Buch. In „innerer Freundschaft" (11) führt der
Papst das Gespräch mit Jesus, der in den Evangelien von vielen als Rabbi angesprochen wird (vgl. z.B. Joh 20,16). Zugleich
ist es ein kämpferisches Buch, das Irrwege der modernen
biblischen Exegese, insbesondere der liberalen historisch-
kritischen Jesusforschung abwehren möchte. Denn durch
sie drohe der Glaube an Jesus Christus seine Konturen zu
verlieren. Die Vielfalt der historisch-kritischen Rekonstruktionen des historischen Jesus von Nazareth, als jüdischer
Rabbi und Weisheitslehrer, als jüdischer Wanderprediger
oder Charismatiker oder als apokalyptisch geprägter Reich
Gottes Verkündiger habe nur deutlich gemacht, dass wir wenig Sicheres über den historischen Jesus wissen. Ebenso als
Irrweg erweist sich für Benedikt XVI. die unter anderen mit
dem Namen Rudolf Bultmann verbundene kerygmatische
Theologie, die das in den Evangelien gezeichnete Bild Jesu
entscheidend vom Osterglaube, also von der Erfahrung der
Auferstehung des Gekreuzigten, geprägt sieht und sich deshalb der Rückfrage nach dem historischen Mann aus Nazareth weitgehend enthält. Vielmehr lautet Benedikts These:
„Die christologische Dimension, das heißt das Geheimnis
des Sohnes als Offenbarer des Vaters, die ‚Christologie' ist in
allen Reden und Tun Jesu anwesend" (32).

Dies bedeutet nun keineswegs, dass Benedikt XVI. historisch-kritische Rückfragen grundsätzlich verwirft. Sie bleiben unverzichtbar für den Glauben, der sich auf ein in Raum und Geschichte verortetes Geschehen bezieht (14). Jedoch, insofern die historisch-kritische Methode auf der Ebene des Historischen und der Hypothesen verhaftet bleibe, verweise sie implizit über sich selbst hinaus auf andere Auslegungsmethoden. Im Vorwort (17–20) nennt Benedikt XVI. die von Bevard Childs entwickelte kanonische Exegese einer gesamtbiblischen Lektüre von Altem und Neuem Testament. In den Einzelauslegungen tritt allerdings vor allem die von den Kirchenvätern (und Kirchenmüttern) der Antike geübte symbolisch-typologische Auslegungsmethodik hervor.[1] Diese Wahrnehmung der gesamten Bibel verdankt sich auch der nach der Shoa gewachsenen Einsicht, die sich gegen die von Marcion bis Harnack geforderte Ausscheidung des Alten Testaments aus dem christlichen Kanon verwehrt (154).

So ist es keine Überraschung, wenn Benedikt XVI. im Rahmen der Auslegung der Bergpredigt ein Gespräch mit einem zeitgenössischen Rabbiner und namhaften Professor für Judaistik, Jacob Neusner, führt (99, 131–152, 350). Neusner hat erstmals 1993 ein Jesusbuch vorgelegt: „Ein Rabbi spricht mit Jesus. Ein jüdisch-christlicher Dialog."[2] Nun ist dieses Buch eines von 924 Büchern Neusners, in einer Woche geschrieben und für ein nichtwissenschaftliches Publikum bestimmt. Warum also wählt Benedikt XVI. gerade dieses jüdische Jesusbuch? Es hätte eine Reihe anderer Jesusbücher jüdischer Gelehrter gegeben. Aber anders als zum Beispiel David Flusser möchte Neusner nicht in erster Linie zeigen, dass die Halachah des historischen Jesus sich in die pharisäisch-rabbinischen Diskussion um Toraauslegung einordnen lässt, noch möchte er wie Geza Vermes Jesus unter den jüdischen Charismatikern des 1. Jahrhunderts verorten.[3] Vielmehr kritisiert Neusner den bisherigen christlich-jüdischen Dialog, weil er es vermieden habe, die direkte

Auseinandersetzung über die wesentlichen Unterschiede der beiden Religionen zu führen, nämlich über den göttlichen Anspruch Jesu (8). Ebenso wie Benedikt XVI. fragt auch Neusner nicht hinter das Matthäusevangelium – das einzige Evangelium, das er für diesen Dialog überhaupt geeignet hält (163) – zurück. Denn solche Rückfragen führen für Neusner am Wesen des Glaubens vorbei (26, 166f). Auch wenn Neusner – anders als Benedikt XVI. – nicht behauptet, dass der matthäische Jesus, der historische sei (vgl. auch 106–109), will er sich gerade mit diesem geglaubten Jesus auseinandersetzen. Neusners Buch führt ein imaginäres Streitgespräch – die größte Geste des Respekts in der jüdischen Religion (29) – zwischen ihm, dem gläubigen Juden, und dem Jesus im Matthäusevangelium um die Tora. Aus jüdischer Perspektive zeigt er dabei, wie „die Tora Gottes der Weg ist, den einen Gott zu lieben ... und Gottes Namen zu dienen und zu heiligen" (9). Der matthäische Jesus habe zwar mit seiner Auslegung der Tora manches richtig gesehen – auch Neusner zeigt Übereinstimmungen mit den frühjüdischen halachischen Auslegungsdiskussionen auf – aber Jesu Lehre ziele nicht auf Israel, sondern lediglich auf eine Gruppe von Jüngerinnen und Jüngern. An Stelle des Lebens in der Nachahmung von Gottes Heiligkeit (Lev 19,2; 20,26) erwarte er das Hereinbrechen eines himmlischen Gottesreichs. Seiner Tora fehle die Dimension des heiligen ewigen Israel (101), was in Auseinandersetzung mit Jesu Aufforderung zur Nachfolge (Mt 10,34–37) *versus* dem Leben in der Familie Israel (54–75), der Auseinandersetzung um Sabbat und verheißener Ruhe (Mt 11,27–30; 12,1–8) *versus* der Heiligung des siebten Tags in Nachahmung Gottes (76–92) und in der Forderung nach einer den Dekalog übersteigenden Vollkommenheit (Mt 19,16–22) deutlich werde (93–116). Zudem, so zeigt sich in der Auseinandersetzung mit den Pharisäern (Mt 15,1–9; 23), missverstehe dieser Jesus die Gebote der

Tora moralisch (118–151). Dem Matthäusevangelium gehe es an Stelle der Nachahmung Gottes um Nachahmung Jesu und damit fordere der matthäische Jesus etwas, das nur Gott fordern kann. Zwar habe hier Jesus nichts von der Tora weggelassen, aber eines hinzugefügt, sich selbst (114).

Hier setzt Benedikts Gespräch mit Neusner ein (135) und betont den Punkt, an dem der Rabbiner Neusner nicht folgen will: Jesus versteht sich selbst als die Tora (Benedikt 143 / Neusner 91). Für Neusner ist dies ein Punkt, an dem „wir eine sehr ernsthafte Diskussion führen (können), und zwar über Vollkommenheit. Was muss ich tun, um zu werden wie Gott?" (92). Für Benedikt XVI. ist dies die Wahrheit: Der historische Jesus ist für ihn nach dem Zeugnis aller Evangelien „das Wort Gottes in Person" (143). Nur weil „Jesus Gott ist, kann und darf er so mit der Tora umgehen, wie er es tut" (148). Deshalb kann er auch eine neue Sozialordnung, eine neue Jüngergemeinde schaffen, die nach Benedikt bereits im Alten Testament angekündigt ist, wenn Israel ein „Licht der Völker" genannt wird. Jesus habe nun die Universalität gebracht, in der nicht mehr eine bestimmte Rechts- und Sozialordnung, sondern nur „die Willensgemeinschaft mit Gott, die durch Jesus geschenkt ist", entscheidend sei (151).

An dieser Stelle gerät der Dialog und das Streitgespräch meines Erachtens ins Stocken. Die kanonische Lektüre der Bibel wird einseitig in das Schema Verheißung im Alten, Erfüllung im Neuen Testament gepresst. Daraus entsteht notwendigerweise ein Überbietungsmuster.

In Benedikts Jesusbuch lassen sich Leittexte extrahieren, die sozusagen als *cantus firmus* die einzelnen Kapitel durchziehen. Neben dem Prolog des Johannesevangeliums ist dies vor allem Dtn 18,15: „Einen Propheten wie mich wird der Herr, dein Gott, aus deiner Mitte heraus, … erstehen lassen. Auf ihn sollt ihr hören" (27).[4] Die Auslassung lautet „unter deinen Brüdern" und sie geschieht nicht zufällig. Am

Ende des Deuteronomiums heißt es (Dtn 34,10): „Fortan ist kein Prophet mehr in Israel aufgetreten wie Mose, mit dem der Herr von Angesicht zu Angesicht verkehrt hatte..." (28). Wiederum wird ausgelassen, was Mose im Dtn auszeichnet, nämlich dass er Zeichen und Wunder vor dem Pharao und vor Israel tat (Dtn 34,11f). Auf diese Verse kommt es Benedikt XVI. nicht an, denn: „Das Entscheidende ist, dass er (Mose) mit Gott geredet hat wie ein Freund... Er zeigt uns das Gesicht Gottes, und damit zeigt er uns den Weg, den wir zu nehmen haben." (29). Das einzig wichtige Kennzeichen des Israel verheißenen ‚Propheten wie Mose‘ ist für Benedikt XVI. also die Unmittelbarkeit zu Gott, die Fähigkeit Gottes Willen und Wort aus erster Hand mitzuteilen. Diese Verheißung sei nun erfüllt, nicht etwa in Mohammed – obgleich diese Charakterisierung auch auf ihn zutreffen kann – sondern allein in Jesus (Christus). Denn seine unmittelbare Beziehung zu Gott sei – anders als die des Mose – grenzenlos. Mose durfte die „Herrlichkeit des Herrn" auf dem Sinai nicht von Angesicht sehen, sondern nur von hinten (Ex 33,18). Daher liege auf der „Gott-Unmittelbarkeit" des Mose „ein Schatten" (309f). Von Jesus aber – genauer gesagt vom Logos – hieße es im Johannesprolog: „Der Einzige, der Gott ist und am Herzen des Vaters ruht, er hat Kunde gebracht" (Joh 1,18). Jesus spreche – wie später ausgeführt wird – aus einer Unmittelbarkeit, die allein ihm als „dem Sohn" zukomme (386–396). Dies mache die Originalität Jesu aus, „sein Neues, das nur ihm Eigene, für das es keine weiteren Ableitungen gibt" (406).

Nun könnte man Joh 1,18 auch wörtlicher „jener hat ausgelegt" übersetzen. Dann wäre der Logos, der Exeget und Ausleger von Gottes Wort in der Tora. Aber Benedikt XVI. geht es um die in Jesus erfüllte Verheißung, um die Überbietung des Mose. Während auf Mose Gottes Licht auf dem Sinai lediglich abstrahle, strahle Jesus auf dem Berg der Verklärung selbst (358). Während Mose Israel die Tora und Brot vom Himmel gab, sei Jesus Gottes- und Lebensbrot selbst, mehr als die Tora, die nur „Schatten"sei, weil sie uns nur „den Rücken Gottes" zeige (312). Der Berg der Bergpredigt sei der „neue, der endgültige Sinai", weil hier der Sohn im Gebet „Aug' in Aug' mit dem Vater" spreche (96). Und auch typologisch können Motive der Moseerzählung gedeutet werden. Der brennende Dornbusch sei das Kreuz (401), in dem sich Jesus als der „Ich bin" offenbart, und wir müssen uns in Ehrfurcht dem brennenden Dornbusch nähern in der Eucharistie (178). Über Mose hinaus repräsentiere Jesus auch den Stammvater des „universal gewordenen", „endgültigen Israel", den „neuen Jakob" (74, 208).

Ein Streitgespräch aus dieser Perspektive scheint mir schwierig. Denn ein Streit setzt ja voraus, dass ich die andere Position als streitwürdig anerkenne, als eine Position die man überhaupt sinnvoller weise einnehmen kann. Wie aber kann Israel mit einem Christentum streiten, das Israel gleichermaßen einverleiben und überbieten will?

Nun ist es keineswegs so, dass Benedikts Jesusbuch Israels Existenzrecht verneint. Es betont die Erwählung Israels (406) und seine Ewigkeit (147). Im Kapitel über die Jünger wird das Lukasevangelium als ein Evangelium hervorgehoben, das für Frauen, Arme und Juden in besonderer Weise Verständnis zeige (217f). Dies werde am Bildwort vom neuen Wein in den alten Schläuchen deutlich. Während Markus und Matthäus mit scharfer Kritik die Trennung zwischen Synagoge und werdender Kirche reflektieren: „Niemand wird neuen Wein in alte Schläuche füllen... Neuer Wein gehört in neue Schläuche" (Mk 2,22 / Mt 9,17) so fügt Lukas hinzu: „Und niemand, der alten Wein trinkt, möchte neuen; er sagt nämlich: Der alte Wein ist gut." Lukas bringe somit „ein Wort des Verstehens für diejenigen..., die beim ,alten Wein' bleiben wollten" (218f). Auch werden sogar die sonst vielzitierten Kirchenväter kritisiert, wenn sie im Gleichnis vom reichen Prasser und armen Lazarus (Lk 16,19–31) den Reichen mit Israel und Lazarus mit der Kirche gleichsetzen (252). Zugleich aber hält Benedikt XVI. an dieser Typologie in der Auslegung des Gleichnisses von den zwei Brüdern (Lk 15,11–32) fest. Mit „den Vätern" identifiziert er Israel mit dem älteren Bruder, der in Treue zu den Geboten des Vaters (Lk 15,29) daheimgeblieben war. „Gerade in der Tora-Treue erscheint die Treue Israels und auch sein Gottesbild" (250). Diese Auslegung sei dann berechtigt, wenn man sie mit dem Text versteht „als offene Zurede Gottes an Israel, das ganz in Gottes Händen steht" (ebd.). Denn der Text betone nicht nur die Treue, sondern auch die Sohnschaft des alten Bruders. Falsch werde die Auslegung aber dann, wenn man eine Verurteilung der Juden hineinliest, die der Text nicht kennt. Jesus spreche nicht über Juden, sondern über Sünder und Fromme.

Schließlich gibt es auch Auslegungen, die traditionelle antijüdische Stereotype einfach stehen lassen. Im Zusammenhang mit dem johanneischen Bild vom Weinstock (Joh 15) kommt Benedikt XVI. auf das Gleichnis von den bösen Weinbergpächtern (Mk 12,1–12) zu sprechen (299f). Er deutet es als Aufnahme der Gerichtsdrohung aus dem Weinberglied des Propheten Jesaja (Jes 5,1–7). Israel erscheine in den (bösen) Pächtern, deren Herr nicht nur verreist ist, sondern die seine Knechte (die Propheten) foltern und seinen Sohn töten. Dargestellt werde „die Geschichte von Gottes immer neuem Ringen um und mit Israel" (300). So entsteht aber ein schwieriges Auslegungsproblem: Die Juden werden in Mk 12,9 automatisch zu Gottesmördern und Israel wird Tod und Enterbung angesagt.

Benedikt XIV. sieht diese Probleme durchaus. Aber sind sie wirklich überwunden, wenn man verlangt, die Geschichte nicht in der Vergangenheit zu belassen, sondern sie als werbendes Reden Gottes mit uns zu verstehen? (301) Ist nicht schon die Identifikation des Weinbergbesitzers, der wissend und willentlich nicht nur nacheinander alle seine Sklaven foltern lässt und das Risiko ihrer Ermordung eingeht (Mk 12,5) und am Ende auch noch seinen Sohn in den sicheren Tod schickt, mit Gott ein Problem? Im kritischen synoptischen Vergleich, einschließlich der Parallele im Thomasevangelium (ThEv 65), wäre auch eine andere Auslegung dieses Gleichnisses möglich gewesen. Denn was sollte Israel tun? Sich schleunigst zu Christus bekehren, um Gottes Gericht zu entgehen?

Diese Fragen bleiben offen – oder besser – sie werden Gott selbst anheim gestellt. Mit Verweis auf Ps 80 werden Israel, Kirche und Menschheit aufgefordert „in der Dunkelheit der Prüfung" zu Gott zu rufen (299/301). Aber auch der Hinweis, wie Gott handelt, fehlt nicht. Mit Mk 2,10f wird Christus als der Eckstein identifiziert, der von den Bauleuten (Juden?) verworfen wurde.

Das Problem ist die typologische Auslegungsmethodik und damit verbunden das letztlich doch unhistorische Lesen der Texte. Bei aller Referenz auf Ergebnisse der historisch-kritischen Forschung betrachtet Benedikt XVI. die Evangelien nicht als Dokumente einer bestimmten historischen Zeit, sondern als Zeugnisse der ewigen Wahrheit. Ausführlich wird die Frage des Verfassers des Johannesevangeliums diskutiert, um zu begründen, dass es uns den wahren historischen Jesus zeigt (261–280). Das bereits in einer frühen Kanonliste (Kanon Muratori, 3. Jh.) diskutierte Problem der Abweichung von der synoptischen Darstellung in der Jesusgeschichte wird nicht bedacht. Denn im Johannesevangelium findet Benedikt XIV. die christologischen Bilder und Aussagen, die er dem historischen Jesus zuweisen möchte (vgl. 259–331, 267–407 u.ö.). Nur im Johannesevangelium ist die Erkenntnisgemeinschaft des Sohnes mit dem Vater und

Christi Wesenseinheit mit Gott betont. Damit werden dann auch die Dialoge des Johannesevangeliums Abbildungen einer Auseinandersetzung um diese ‚Wahrheit‘. Umso problematischer ist nun die unkommentierte Übernahme des an ‚die Juden‘ gerichteten Zitats aus Joh 8,24: „Wenn ihr nicht glaubt, dass ich es bin, werdet ihr in euren Sünden sterben" (398).

Meines Erachtens ist ein christlich-jüdischer Dialog oder auch ein Streitgespräch auf dieser Ebene nicht möglich. Darüber hinaus halte ich es für historisch und theologisch problematisch, die traditionsgeschichtlichen Entwicklungen im Judentum der Zeit des Zweiten Tempels, also der Zeit vor und um Christi Geburt zu negieren. Der Menschensohn ist keine jesuanische Erfindung, sondern hat längst vor seiner Geburt ausgehend von Daniel 7 und Ez 2f aber weit darüber hinaus eine lange Entwicklungsgeschichte erlebt. Dies aufgrund von einzelnen Texten vermeintlich jüngeren Entstehungsdatums zu bestreiten (376), übersieht, dass uns die überlieferten antiken Quellen immer nur die Spitze eines dahinter stehenden breiteren Diskurses darstellen. Die johanneischen „Ich bin"-Worte allein mit der Gottesoffenbarung im brennenden Dornbusch (Ex 3,14) gleichzusetzen und Jesus damit – gegen Phil 2,9–11 – bereits als Irdischen mit Gott selbst, übersieht die Offenbarungsreden der jüdischen Weisheit, die übrigens lange vor Jesus als diejenige gerühmt wird, die Ruhe und Erquickung der Seele verheißen hat (vgl. Mt 11,27–30 mit Sir 6,23–28, 51,25–39). Den historischen Jesus in einzigartiger Weise als Gottes Sohn zu identifizieren, wertet Israel – den erstgeborenen Sohn Gottes (Ex 4,22 u.ö.) – und alle anderen aus Israel hervorgegangen Gottessöhne und -töchter (vgl. z.B. Wsh 2,18) ab.

Schließlich ergibt sich auch für die christliche Theologie aus der Verortung der ganzen Christologie in der Menschwerdung des historischen Jesus von Nazareth ein systematisches Problem. Was kann das Kreuz dieser Offenbarung noch hinzufügen? Es fällt auf, dass Benedikt XIV. im Zusammenhang des Kreuzes oft von einem Geheimnis spricht.[5] Wir können also auf den zweiten Teil dieser Jesusgeschichte gespannt sein.

Anmerkungen

[1] Vgl. z.B. Joseph Ratzinger/Benedikt XVI., *Jesus von Nazareth*, Freiburg u.a. 2007, Seite 42f, 45–47, 185f, 229, 239–41, 257f, 281–331 u.ö. An vielen Stellen übernimmt Benedikt XVI. Kirchenväterexegese, z.b. wenn er den Inhalt der Reich Gottes Verkündigung Jesu mit Origines als *„autobasileia"* (79) bestimmt: „Er... ist das Reich Gottes" (89).

[2] Jacob Neusner, *Ein Rabbi spricht mit Jesus. Ein jüdisch-christlicher Dialog*, München 1997, Neuauflage Freiburg u.a., Juni 2007. Die folgenden Angaben beziehen sich auf das Vorwort, 11–13.

[3] David Flusser, *Jesus in Selbstzeugnissen und Bilddokumenten*, Hamburg 1968; Geza Vermes, *Jesus der Jude. Ein Historiker liest die Evangelien*, Neukirchen-Vluyn 1993.

[4] Vgl. Einführung: Ein erster Blick auf das Geheimnis Jesu (25–33), sowie Seite 51, 73, 95–98, 110, 131, 155, 159, 178, 277–79, 283f, 287, 308–313, 351, 356, 395.

[5] Vgl. z.B. Seite 44, 51, 97, 104, 193, 230, 233, 306, 336, vgl. auch Seite 406.

Die Autoren

Knut Backhaus, Lehrstuhlinhaber für das Fach Neutestamentliche Exegese und biblische Hermeneutik an der Katholisch-Theologischen Fakultät der Universität München

Martin Ebner, Lehrstuhlinhaber für das Fach Exegese des Neuen Testaments an der Katholisch-Theologischen Fakultät der Universität Münster

Jörg Frey, Lehrstuhlinhaber für das Fach Neutestamentliche Theologie an der Evangelisch-Theologischen Fakultät der Universität München

Rudolf Hoppe, Lehrstuhlinhaber für das Fach Exegese des Neuen Testaments an der Katholisch-Theologischen Fakultät der Universität Bonn

Rainer Kampling, Lehrstuhlinhaber für das Fach Biblische Theologie/Neues Testament am Seminar für Katholische Theologie der Freien Universität Berlin

Claus-Peter März, Lehrstuhlinhaber für das Fach Exegese und Theologie des Neuen Testaments an der Katholisch-Theologischen Fakultät der Universität Erfurt

Franz Mußner, emeritierter Professor für das Fach Biblische Theologie/Exegese des Neuen Testaments an der Katholisch-Theologischen Fakultät der Universität Regensburg

Karl-Wilhelm Niebuhr, Lehrstuhlinhaber für das Fach Neues Testament an der Evangelisch-Theologische Fakultät der Universität Jena

Dieter Sänger, Lehrstuhlinhaber für das Fach Theologie- und Literaturgeschichte des Neuen Testaments der Evangelisch-Theologische Fakultät der Universität Kiel

Jens Schröter, Lehrstuhlinhaber für das Fach Exegese und Theologie des Neuen Testaments an der Evangelisch-Theologischen Fakultät der Universität Leipzig

Thomas Söding, Lehrstuhlinhaber für das Fach Biblische Theologie am Katholisch-Theologischen Seminar der Universität Wuppertal

Angela Standhartinger, Lehrstuhlinhaber für das Fach Neues Testament an der Evangelisch-Theologischen Fakultät der Universität Marburg